Über die Phänomene der Hybridität in der Gattung Homo

Paul Broca und C. Carter Blake

Writat

Diese Ausgabe erschien im Jahr 2023

ISBN: 9789359258720

Herausgegeben von
Writat
E-Mail: info@writat.com

Inhalt

VORWORT DES HERAUSGEBERS.

DAS Verlagskomitee der ANTHROPOLOGISCHEN GESELLSCHAFT hat mir die Ehre erwiesen, mir die Aufgabe anzuvertrauen, Dr. Brocas wertvollen kleinen Band herauszugeben. Dieser Pflicht bin ich nun nachgekommen und hoffe, dass die Mitglieder der Gesellschaft und die breite Öffentlichkeit bei der Lektüre der Übersetzung die gleiche Freude empfinden werden, die ich bei der ersten Lektüre des Originals empfand.

Die Gründe, die das Komitee dazu veranlassten, die Veröffentlichung der vorliegenden Übersetzung vorzuschlagen, werden durch das Motto, das Dr. Broca auf seiner Titelseite platzierte, deutlich zum Ausdruck gebracht. Die öffentliche Meinung ist mit den tatsächlichen Fakten über die Hybridität der Menschenrassen so wenig vertraut, dass ihre Untersuchung „ *non ex vulgi Opinione, sed ex sano judicio* " für den effizienten Fortschritt unserer Wissenschaft notwendig ist. Ein solcher Appell erfordert jedoch, dass das gesamte Thema noch einmal überprüft wird, und um dieses Ziel zu erreichen, wird die Lektüre eines Werkes, das auf ähnlichen Prinzipien wie das von Dr. Broca basiert, zur Hauptvoraussetzung für zukünftige Forschungen. Man kann sagen, dass noch nie ein Werk veröffentlicht wurde, das das gesamte Thema der menschlichen Hybridität so vollständig untersucht, und nachdem der Rat die Empfehlung des Veröffentlichungsausschusses bestätigt hat, habe ich mich bemüht, meine mir zugewiesene Aufgabe mit so großer Erfolgsaussicht wie möglich zu erfüllen war angesichts des Drucks zahlreicher und mühsamer Beschäftigungen, die nichts mit der Gesellschaft zu tun hatten, zu erwarten.

Die Notwendigkeit der Veröffentlichung dieses Werkes in England kann man sich vorstellen, wenn man über die lax definierten Ideen nachdenkt, die im Hinblick auf die Probleme der Anthropologie einen integralen Bestandteil des intellektuellen Erbes selbst gebildeter Engländer bilden. Uns wurde so oft gesagt, dass alle Menschenrassen nachweislich *untereinander fruchtbar* sind, dass viele davon ausgegangen sind, dass die Gesetze, die diese angenommene Fruchtbarkeit regeln, festgestellt und festgelegt sind, jenseits der Reichweite einer Widerlegung oder sogar eines Zweifels. Autor und Herausgeber der folgenden Seiten sind jedoch anderer Meinung; und geben sich damit zufrieden, auf die Anhäufung zukünftiger Fakten zu warten.

Um Missverständnissen über meine Meinung zu diesem Thema vorzubeugen, zitiere ich die Worte des großen niederländischen Philosophen:

„Ich lade daher weder die Vulgären noch diejenigen, deren Geist wie sie voller Vorurteile ist, zur Lektüre dieses Buches ein. Mir wäre es viel lieber, wenn sie es völlig vernachlässigen würden, als dass sie seinen Zweck und Inhalt auf die bei ihnen übliche Weise falsch interpretieren würden."

Ich hätte mehr Befriedigung empfunden, wenn die Aufgabe, die Gedanken des großen französischen Meisters unserer Wissenschaft zu interpretieren, in würdigere Hände gefallen wäre als meine eigenen. Die gewohnten Denkmethoden von Dr. PAUL BROCA sind so exakt, sein Stil so prägnant, sein Wissen über die Literatur der Anthropologie so umfassend und seine Fähigkeit, Ideen anzuwenden und zu konzentrieren, so mächtig, dass eine berechtigte Präferenz einen anderen Herausgeber hätte wählen können . Es war für mich kaum nötig, der klaren Darlegung des Sekretärs unserer Muttergesellschaft auch nur eine einzige Fußnote hinzuzufügen.

Es ist mir eine Freude, meinem Freund Dr. James Hunt, dem Präsidenten unserer Gesellschaft, für die Freundlichkeit zu danken, mit der er mir die Herausgeberschaft dieses Bandes überlassen hat, und für viele wertvolle Anregungen dazu. Mein Dank gilt auch meinem Kollegen Herrn J. Frederick Collingwood, für dessen freundliche Unterstützung bei der Erfüllung der Sekretariatsaufgaben und die Muße, die es mir ermöglicht hat, dieses Werk zu bearbeiten, zu Dank verpflichtet bin.

Dem Rat und der Gesellschaft übergebe ich nun dieses kleine Traktat, eine Zusammenfassung der wichtigeren Werke, die im Laufe des Jahres 1864 veröffentlicht werden, in der Hoffnung, dass es letztendlich den besten Interessen der Wissenschaft dienen wird, die sich alle aufrichtigen Anthropologen wünschen helfen.

CCB

4, ST. MARTIN'S PLACE ,
März 1864.

GLOSSARHINWEIS.

Die Bedeutung der folgenden Wörter, die Dr. Broca üblicherweise verwendet, ist beigefügt:

AGENESISCH. Mischlinge der ersten Generation, die weder untereinander noch mit den beiden Elternarten völlig unfruchtbar sind und daher weder direkte Nachkommen noch Mischlinge der zweiten Generation hervorbringen können.

DYSGENETISCH. Mischlinge der ersten Generation, nahezu völlig unfruchtbar.

A. Untereinander unfruchtbar, daher ohne direkte Nachkommen.

B. Manchmal, aber selten und mit Schwierigkeiten, vermehren sie sich mit der einen oder anderen Elternart. Die aus dieser Kreuzung hervorgegangenen Mischlinge der zweiten Generation sind unfruchtbar.

PARAGENETISCH. Mischlinge der ersten Generation mit teilweiser Fruchtbarkeit.

A. Sie sind untereinander kaum fruchtbar oder unfruchtbar , und wenn sie direkte Nachkommen hervorbringen, weisen diese lediglich eine abnehmende Fruchtbarkeit auf, was dazu führt, dass sie am Ende einiger Generationen zwangsläufig aussterben.

B. Sie vermehren sich problemlos mit mindestens einer der beiden Elternarten. Die Mischlinge der zweiten Generation, die aus dieser zweiten Zucht hervorgegangen sind, sind selbst und ihre Nachkommen *untereinander* fruchtbar, und zwar mit den Mischlingen der ersten Generation, mit den nächsten verwandten reinen Arten und mit den Zwischenmischlingen, die aus diesen verschiedenen Kreuzungen hervorgegangen sind.

EUGENESISCH. Mischlinge der ersten Generation völlig fruchtbar.

A. Sie sind untereinander fruchtbar , und das gilt auch für ihre direkten Nachkommen.

B. Sie vermehren sich leicht und wahllos mit den beiden Elternarten; Die Mischlinge der zweiten Generation wiederum sind selbst und ihre Nachkommen unbegrenzt fruchtbar, sowohl *untereinander* als auch mit den Mischlingen aller Art, die aus der Mischung der beiden Elternarten entstehen.

ABSCHNITT I.

ALLGEMEINE BEMERKUNGEN ZUR KREUZUNG BEI MENSCHLICHEN RASSEN.

DIESER sehr geniale Schriftsteller, M.A. de Gobineau, [1] dessen Bemühungen darauf gerichtet waren, das Licht der modernen Ethnologie auf die politische und soziale Geschichte der Nationen anzuwenden, der es aber in dieser sehr schwierigen und fast völlig neuen Untersuchung mehr als einmal getan hat Paradoxen Verallgemeinerungen nachgebend, hielt er es für angebracht, in seinem „*Essay on the Inequality of Human Races*" (1855) zu behaupten, dass die Kreuzung von Rassen ständig katastrophale Auswirkungen habe und dass früher oder später eine physische und moralische Degeneration die unvermeidliche Folge sei davon. Daher führt er den Niedergang der Römischen Republik und den Untergang der Freiheit hauptsächlich auf diese Ursache zurück, worauf bald der Niedergang der Zivilisation folgte. Ich bin weit davon entfernt, seine Meinung zu teilen, und wenn dies der richtige Ort wäre, könnte ich zeigen, dass die soziale Korruption und der geistige Verfall, die den Untergang der römischen Macht vorbereiteten, ganz andere Ursachen hatten. Der Vorschlag von Herrn Gobineau erscheint mir viel zu allgemein; und noch mehr bin ich gegen die Meinung derjenigen, die vertreten, dass jede von den Elternstämmen getrennte Mischrasse unfähig sei, fortzubestehen. [2] Es wurde sogar behauptet, dass die Vereinigten Staaten von Amerika, in denen die angelsächsische Rasse immer noch vorherrscht, die aber von Einwanderern verschiedener anderer Rassen überrannt werden, gerade durch diesen Umstand vom Verfall bedroht sind, da diese kontinuierliche Einwanderung erfolgt kann zur Folge haben, dass eine Hybridrasse entsteht, die den Keim zukünftiger Sterilität enthält. Wissen wir nicht, dass im Glauben an diese Prognose eine bestimmte Partei die Beschränkung der ausländischen Einwanderung vorgeschlagen hat, und dass es selbst in England ernsthafte Männer gegeben hat, die aus ethnologischen Gründen den Sturz der Vereinigten Staaten vorhergesagt haben? Hesekiel sagte den Untergang Alexandrias voraus.

Wenn wir sehen, wie der Wohlstand und die Macht des neuen Kontinents mit solch beispielloser Geschwindigkeit wachsen, können wir einer solchen Vorhersage sicherlich keinen Glauben schenken. Dennoch muss es eine Reihe grundlegender Tatsachen gegeben haben, die selbst Monogenisten dazu veranlassten, die Lebensfähigkeit aller *gekreuzten* Rassen zu leugnen. Sie müssen unter den Nationen der Erde vergeblich nach einer offensichtlich hybriden Rasse mit klar definierten Charakteren gesucht haben, die zwischen zwei bekannten Rassen liegt und sich ohne die Konkurrenz der Elternrassen fortsetzt.

„Wenn die oben zitierten Fakten", sagt M. Georges Pouchet, „nicht ausreichen, um zu beweisen, dass eine Mischlingsrasse nicht gezeugt werden kann, können wir dann irgendwo einen finden?" Finden wir ein Volk, das einen mittleren Typus zwischen zwei anderen Typen bewahrt? Wir sehen sie nirgends so selten wie ein Maultierrennen. Tatsache ist, dass eine solche Rasse, ein solcher Typ nur eine vergängliche subjektive Existenz haben kann." [3]

Vorgetäuschte Beispiele hybrider Rassen (Anmerkung zu den Griquas im südlichen Afrika)

Die Frage, wo wir Hybridrassen finden, die für sich allein existieren, wurde bereits vor M. Pouchet gestellt. Als Dr. Prichard darauf antwortete, konnte er nur drei Fälle finden: 1. Die Griquas, Nachkommen der Hottentotten und Holländer. 2. Die Cafusos der Wälder von Varama (Brasilien), eine von Spix und Martius beschriebene Rasse und ihrer Meinung nach die Nachkommen indigener Amerikaner und afrikanischer Neger. 3. Die moppköpfigen Papua, die auf der Insel Waigiou und den umliegenden Inseln sowie im nördlichen Teil Neuguineas leben und laut MM. Quoy und Gaimard sind eine Hybridrasse, das Ergebnis einer Vereinigung von Malaysiern und eigentlichen Papuas. [4]

Gegen diese drei Beispiele wurde Einspruch erhoben und es besteht tatsächlich Anlass zu Einwänden. [5] Wir wissen so gut wie nichts über die Cafusos, und niemand kann mit Sicherheit behaupten, dass sie mit der indigenen Rasse unvermischt geblieben sind; aber wir wissen mit Sicherheit, dass die Griquas seit Beginn dieses Jahrhunderts um eine protestantische Mission herum durch die Fusion einiger niederländisch-hottentotischer *Bastardfamilien* mit einer großen Anzahl der Hottentotten, der Bosjesmen und der Kaffernrasse entstanden sind. Dieses Beispiel beweist dann keineswegs, dass eine Mischrasse sich getrennt fortbestehen kann. [6]

Was die moppköpfigen Papua betrifft, so leben sie in einer Region, deren Ethnographie kaum bekannt ist. MM. Quoy und Gaimard sind der Meinung, dass es sich dabei um eine Mischung aus Malaysiern und einheimischen Negern (*sic*) handelt; Sie vertraten diese Meinung jedoch nur als Hypothese: „Sie schienen uns in Bezug auf Charakter, Physiognomie und die Beschaffenheit ihrer Haare einen mittleren Platz zwischen diesen Menschen (Malaysier) und den Negern einzunehmen." [7] Das ist alles, was diese Autoren sagen; Aber Herr Lesson zitiert dies nicht als bloße Hypothese, sondern sagt: „Diese Menschen wurden von MM perfekt beschrieben." Quoy und Gaimard, die als erste *nachweisten*, dass sie eine Hybridrasse darstellen und *zweifellos* eine Abstammung von Papua (so genannt) und Malaysiern sind, die in diesen Teilen leben und die Masse der Bevölkerung bilden." Herr de Rienzi hingegen hat zwei Varietäten papuanischer Hybriden beschrieben:

eine Varietät, die aus einer Kreuzung zwischen Papua und Malaysiern hervorgegangen ist – die Papou-Malaysier; die zweite Variante, die Frage einer Vermischung zwischen den Papua und den Alforian-Endamenes – den Pou-Endamenes. [8] Hier liegt bereits eine Komplikation vor. Jetzt kommt Herr Maury, der behauptet, dass die aus den Papua und Malaien hervorgegangene Rasse die alforische Rasse sei. [9] Was können wir aus diesen Widersprüchen schließen? M. Quoy und Gaimard hatten einen bestimmten Eindruck, M. Rienzi hatte einen etwas anderen Eindruck, dem die von Herrn Maury zitierten Autoritäten völlig widersprechen. Alles ist also noch eine Hypothese, und die Frage ist noch zweifelhaft. In dieser Ungewissheit könnte man sich durchaus fragen, ob die Malaien, die Alfourous, die moppköpfigen Papua und die Papua im eigentlichen Sinne nicht ebenso viele reine Rassen seien. Die anderen drei Rassen sind nicht nur in der Region der moppköpfigen Papua anzutreffen. Die Malaien, ein Invasionsvolk *schlechthin*, haben sich wie die Engländer an allen Küsten niedergelassen, die ihren Schiffen zugänglich sind, und wenn die moppköpfige Rasse nur einen sehr begrenzten Bezirk einnimmt, ist sie anderswo, wo die gleichen Elemente vorkommen, völlig unbekannt Aus heutiger Sicht dürfen wir den Schluss ziehen, dass es sich nicht um das Ergebnis einer Vermischung handelt. Darüber hinaus teilt uns Dr. Latham, der eifrigste Schüler von Dr. Prichard, mit, dass Herr Earle „die echten und zweifellosen Hybriden" der Papua und Malaien gesehen und beschrieben hat und dass diese sich völlig von den moppköpfigen Papuas unterscheiden . [10]

Man erkennt, dass das Beispiel der Papua eine schlechtere Wahl ist als das der Griquas, da es sehr wahrscheinlich ist, dass diese moppköpfigen Männer, deren Typus Dampier vor zwei Jahrhunderten so perfekt beschrieben hat, seitdem erhalten geblieben sind ohne Veränderung sind eine reine Rasse. Auch wenn nachgewiesen ist, dass sie einer Hybridrasse angehören, können sie kaum als eigenständige Mischrasse bezeichnet werden, da sie keineswegs isoliert von den beiden Rassen leben, von denen sie angeblich abstammen, sondern vielmehr leben mit ihnen in den gleichen Orten. MM. Quoy und Gaimard fügen in ihrer Beschreibung dieser angeblichen Mischlinge hinzu, dass es unter ihnen Neger gab (mit diesem Namen bezeichnen sie die eigentlichen Papua), die einen Teil des Stammes bildeten, der uns täglich besuchte. Unter ihnen befanden sich sogar zwei Individuen höherer Hautfarbe, die zu Recht oder Unrecht als Abkömmlinge von Europäern oder Chinesen galten. Es war also ein sehr gemischtes Volk. Herr Lesson sagt über die Bevölkerung der kleinen Insel Waigiou11, [dass] es dort neben den Hybridrassen der Papua zwei Rassen gibt, die Malaysier und die Alfourous: „Das sind Männer ohne Kraft oder moralische Energie, denen man unterworfen ist." die Autorität der malaiischen Rajahs und wurde häufig von den umliegenden Inselbewohnern in die Sklaverei gezwungen." [12] Aber es ist wohlbekannt, welche Folgen die Sklaverei hat, insbesondere in einem äquatorialen Klima und bei einem Volk, das zur Unkontinenz neigt. Es ist also einfach unmöglich, dass die moppköpfige Rasse der Isle of Waigiou frei von Vermischung mit der Insel bleiben kann

Alfourous und die Malaien, und wenn diese Rasse wirklich hybrid ist, ist es nicht leicht zu erkennen, wie Prichard und seine Anhänger behaupten können, dass sie aus sich selbst bestehen bleiben.

Da die drei von Prichard angeführten Beispiele somit bewiesen haben, dass sie keinen absoluten Wert haben, wurde eine diametral entgegengesetzte Lehre vertreten. Es wurde gesagt, dass, da dieser Autor gezwungen war, bei solch gleichgültigen Beispielen so weit zu gehen, dies einem Beweis dafür gleichkam, dass er keine anderen finden konnte, 13 und man kam zu dem Schluss, dass eine gemischte Rasse weder eine dauerhafte Rasse hat noch haben könnte Existenz.

Diese neuartige Behauptung ist völlig falsch, und wenn sie Anhänger fand, dann einfach deshalb, weil die Frage schlecht gestellt wurde; weil das Wort „*Rasse*"keine genaue Bedeutung erhalten hat und dem Begriff daher eine sehr verwirrende Akzeptanz zuteil wurde.

Unter den verschiedenen Merkmalen, die die zahlreichen Varietäten der *Gattung Homo unterscheiden* , sind einige mehr oder weniger wichtig und mehr oder weniger offensichtlich. Um zwei Rassen zu unterscheiden, genügt ein einziges Merkmal, so geringfügig es auch sein mag, vorausgesetzt, es ist erblich und ausreichend fixiert. Wenn sich zum Beispiel zwei Völker nur durch die Farbe ihrer Haare und ihres Bartes voneinander unterschieden, obwohl sie einander in jeder anderen Hinsicht ähneln mögen, durch die einfache Tatsache, dass das eine schwarzes, während das andere helles Haar hat, Man kann behaupten, dass sie nicht derselben Rasse angehören. Dies ist die populäre und wahre Bedeutung des Begriffs „Rasse", der jedoch nicht unbedingt die Idee von Identität oder Herkunftsvielfalt impliziert. Daher sagen alle Ethnologen und Historiker, alle Monogenisten und polygenistischen Autoren, dass die eigentlichen Iren nicht derselben Rasse angehören wie die Engländer. Die Deutschen, die Kelten, die Basken, die Sklaven, die Juden, Araber, Kabylen usw. usw. werden als mehr oder weniger getrennte Rassen betrachtet, die mehr oder weniger leicht zu charakterisieren sind und sich mehr oder weniger durch ihre Manieren unterscheiden. Sprachen, Geschichte und Herkunft. Es gibt also eine große Anzahl menschlicher Rassen; aber wenn wir, statt alle Charaktere zu betrachten, uns darauf beschränken, nur einige der wichtigeren zu berücksichtigen, oder wenn wir, nachdem wir die verschiedenen Rassen zunächst durch einen analytischen Prozess getrennt untersucht haben, sie nun einem synthetischen Prozess unterziehen , erkennen wir bald, dass zwischen ihnen zahlreiche

Verwandtschaften bestehen, die es uns ermöglichen, sie in eine bestimmte Anzahl natürlicher Gruppen einzuteilen.

Das Ensemble der jeder Gruppe gemeinsamen Charaktere bildet den Typ dieser Gruppe. Daher haben alle Rassen, die wir gerade aufgezählt haben, und viele andere, eine weiße Haut, regelmäßige Gesichtszüge, weiches Haar, ein ovales Gesicht, vertikale Kiefer und einen elliptischen Schädel usw. Diese Ähnlichkeitspunkte verleihen ihnen in gewisser Weise eine Familienähnlichkeit. an dem sie sofort erkannt werden und der dazu geführt hat, dass sie mit dem Sammelnamen kaukasischer Rassen bezeichnet wurden. Die hyperboreischen und ostasiatischen Rassen bilden die Familie der mongolischen Rassen; Die Gruppe der äthiopischen Rassen umfasst ebenfalls eine große Anzahl schwarzer Rassen mit wolligem Haar und prognathem Kopf. Die beiden letzten Gruppen bilden die amerikanische und die malaiisch-polynesische Rasse.

Man darf nicht glauben, dass alle menschlichen Rassen mit gleicher Leichtigkeit in eine dieser Abteilungen eingeordnet werden können; wir dürfen auch nicht glauben, dass die charakteristischen Merkmale einer Gruppe in allen abhängigen Rassen gleichermaßen ausgeprägt sind; noch nicht einmal, dass sie in irgendeiner dieser Rassen vereint vorkommen; und schließlich auch nicht, dass wir im Zentrum jeder Gruppe eine typische Rasse finden, in der alle Charaktere ihr Maximum an Entwicklung erreichen. Dies könnte der Fall sein, wenn alle bekannten Rassen von fünf Urstämmen abstammen würden, wie mehrere Polygenisten zugeben, oder wenn, wie viele Monogenisten meinen, die Menschheit, am Anfang *einer , bald darauf in fünf Hauptstämme geteilt worden wäre, aus denen sie hervorgingen* , wie so viele Nebenzweige, die zahlreichen Unterabteilungen, die die sekundären Rassen bilden. Aber es gibt keine Rasse, die den Anspruch erheben kann, in sich selbst den Typus zu verkörpern, zu dem sie gehört. Dieser Typ ist fiktiv; die Beschreibung ist ideal, wie die Formen des Apollo von Belvedere. Menschliche Typen sind, wie alle anderen Typen auch, bloße Abstraktionen, und je mehr wir diesem oder jenem Charakter mehr Bedeutung beimessen, desto mehr oder weniger beträchtliche Typen erhalten wir. So hatte Blumenbach fünf, Cuvier nur drei und Bérard beschreibt fünfzehn Typen. Dies wird auch durch die Tatsache bewiesen, dass, während sich viele Rassen direkt und offensichtlich einem festen Typus zuordnen, es andere gibt, die zwei sehr unterschiedlichen Typen angehören. Somit sind die Abessinier von der Form her kaukasisch und von der Farbe her äthiopisch. Die Beschreibung der Haupttypen ist somit lediglich ein methodischer Prozess, der geeignet ist, durch die Bildung einer bestimmten Anzahl von Gruppen den Vergleich menschlicher Rassen zu erleichtern und die teilweise Beschreibung jeder einzelnen zu vereinfachen. Diese Einteilung hat darüber hinaus den Vorteil, dass sie für den größten Teil der Rassen den Grad ihrer relativen Verwandtschaft oder Divergenz festlegt. Bis zu einem gewissen Punkt stimmt es sogar mit ihrer primitiven Verteilung auf der Erdoberfläche überein, die es ermöglicht hat, die Typen durch aus der Geographie entlehnte Bezeichnungen zu unterscheiden, ohne den Tatsachen Gewalt anzutun. [14]

Im menschlichen Geist besteht die Tendenz, Abstraktionen zu personifizieren. Diese Idealtypen haben einen Platz im Bereich der Tatsachen usurpiert, so dass ihnen eine reale Existenz gegeben wurde. Die Monogenisten hatten streng genommen das Recht, dies ohne Gewalt gegen ihre Prinzipien zu tun; aber die Polygenisten, die ihrem Beispiel gefolgt sind, haben gegen die Logik gesündigt. Die ersteren führen alle Arten der menschlichen Gattung auf die zahlreichen Modifikationen von fünf *Hauptrassen* zurück, die aus einem gemeinsamen Stamm hervorgegangen sind, und dieselben Einflüsse, die ihrer Ansicht nach ursprünglich die Grundrassen hervorgebracht haben, haben sie später durch einen analogen Prozess hervorgebracht die *Nebenrassen* . Das alles ist hinreichend klar; und das war die Frage, als die Polygenisten auf der Bühne erschienen. Ihre ersten Bemühungen zielten darauf ab, die Lehre in ihren wesentlichen Grundlagen anzugreifen und zu zeigen, dass Weiße durch keine natürliche Ursache in Neger oder Neger in Mongolen verwandelt werden könnten; Sie verkündeten daher die Vielfalt menschlichen Ursprungs und die Pluralität der Arten. Sei es, dass sie vor dem Gedanken zurückschreckten, eine zu große Revolution in der Wissenschaft herbeizuführen, oder dass sie dachten, dass dies schneller zum Siegeszug ihrer Lehre führen würde, sie behielten so weit wie möglich die Zahl der Arten bei und beschränkten sich auf Annahmen ein primitiver Bestand für jede der fünf von den Unitariern beschriebenen Rassen. Ich behaupte nicht, dass alle Polygenisten diesem Weg gefolgt sind, da einige unabhängiger vorgingen. Bory de Saint-Vincent, Desmoulins, P. Bérard und Morton hatten den Mut, völlig mit der Vergangenheit zu brechen und die klassischen Spaltungen neu zu gestalten. Sie fanden jedoch nur wenige Nachahmer; und viele Polygenisten begnügen sich bis heute damit, jedem der fünf Hauptstämme einen bestimmten Ursprung zuzuordnen, die für die Monogenisten die fünf Grundrassen darstellen, für uns aber nur natürliche Gruppen sind, die durch die Vereinigung von Rassen oder Arten derselben gebildet werden Typ. Sie verwenden auch weiterhin sehr oft den Begriff „ *Rasse* “ , *um die Gesamtheit* aller Individuen jeder Gruppe zu bezeichnen , und übernehmen so durch eine Art Transaktion die Sprache derer, deren System sie ablehnen; und so sprechen sie von der weißen oder kaukasischen Rasse, der gelben oder mongolischen Rasse, der schwarzen oder äthiopischen Rasse usw., als ob alle diese Individuen kaukasischen Typs einander ähnelten und eine Rasse bildeten; als ob zum Beispiel die braunen Kelten und die blonden Germanen demselben primitiven Stamm entstammen würden. Dieser Widerspruch hat den Monogenisten einen Riegel vorgeschoben; Denn wenn das Klima und die Lebensweise dazu führen können, dass ein Deutscher ein Kelte wird, gibt es keinen Grund, warum unter bestimmten Einflüssen ein Kelte nicht ein Berber, ein Berber ein Foulah, ein Foulah ein Neger und ein Neger ein Australier werden könnte.

Ich verstehe leicht, wie vorsichtig wir sein sollten, wenn wir in der Anthropologie den Begriff „*Spezies*" *verwenden*. Es kann kaum mit Sicherheit angewendet werden, bis die Wissenschaft die Grenzen jeder Art von Menschen klar umschrieben hat. Dieser Moment ist noch nicht gekommen und wird vielleicht auch nie kommen, denn inmitten ständiger Veränderungen, die durch Überquerungen, Wanderungen und Eroberungen hervorgerufen werden, und mit der Gewissheit, dass mehrere Rassen oder eine große Anzahl von ihnen darin verschwunden sind In historischer Zeit scheint es unmöglich, den Grad der Reinheit bestimmter Rassen einzuschätzen, ihren Ursprung zu entdecken, zu wissen, ob sie autochthon oder exotisch sind, ob sie ursprünglich zu dieser oder jener Fauna gehörten, und die Ethnologie unseres Planeten ^{wiederherzustellen} wie es am Anfang war. Die Zahl der primitiven Arten des Menschen oder sogar die Zahl der tatsächlichen Arten festzulegen, ist für uns und wahrscheinlich auch für unsere Nachfolger ein unlösbares Problem. Die Versuche von Desmoulins und Bory de Saint Vincent haben nur unvollkommene Skizzen hervorgebracht, die zu widersprüchlichen Klassifikationen geführt haben, bei denen die Anzahl der willkürlichen Unterteilungen nahezu der der natürlicheren Unterteilungen entspricht.

Der Begriff „Art" hat in der klassischen Sprache einen absoluten Sinn, der sowohl die Idee einer besonderen Konformation als auch eines besonderen Ursprungs impliziert, und wenn einige Rassen – zum Beispiel die Australier – diese Bedingungen in ausreichendem Maße vereinen, um eine deutlich ausgeprägte Art zu bilden Viele andere reine oder gemischte Rassen entziehen sich in dieser Hinsicht einer strengen Würdigung. Aus diesen Gründen haben viele Polygenisten, nachdem sie die Vielfältigkeit der Ursprünge der Menschheit verkündet und die Unmöglichkeit erkannt haben, die Zahl und die Merkmale der Urstämme zu bestimmen, mit Recht darauf verzichtet, die menschliche Gattung methodisch in Arten zu unterteilen. Viele unter ihnen jedoch, die dachten, sie seien dennoch gezwungen, Spaltungen aufzustellen, haben den Fehler begangen, die Grundlage der Klassifikation der Monogenisten zu übernehmen und wie diese fünf Hauptfamilien der Menschheit zu gründen, und zwar wie diese , zuzugeben, dass die Individuen jeder Familie aus einem gemeinsamen Stamm hervorgegangen sind, mit dem Unterschied, dass, während die Monogenisten davon ausgehen, dass die fünf Primärstämme aus demselben Stamm stammen und dieselben Wurzeln haben, die Pentagenisten (wenn wir so dürfen verwenden Sie diesen Begriff) gehen von fünf unterschiedlichen und unabhängigen Beständen aus. Logisch gesehen wäre es erforderlich gewesen, die fünf Grundrassen der Monogenisten als „*Arten*" *zu bezeichnen*, aber es ist leicht zu erkennen, dass der Begriff „Arten" hier aus vielen Gründen nicht im absoluten Sinne verwendet werden kann. Die Pentagenisten haben dies gespürt und verwenden in Ermangelung eines besseren Begriffs das Wort „*Rasse*", das dadurch von seiner tatsächlichen Akzeptanz abgelenkt wurde.

Bedeutungen der Wörter Rasse und Typ

Das Wort „*Rasse*" hat daher in der Sprache der Autoren zwei sehr unterschiedliche Bedeutungen; Das eine ist speziell und genau, das andere allgemein und irreführend. Im ersten Sinne bezeichnet es Individuen, die einander so ähnlich sind, dass wir, ohne ihre Herkunft vorwegzunehmen und ohne zu entscheiden, ob sie die Nachkommen eines oder mehrerer primitiver Paare sind, gegebenenfalls zugeben können, dass sie so ähnlich sind, wie es theoretisch möglich ist stammten von gemeinsamen Eltern ab. Solche sind zum Beispiel bei den weißen Rassen die Araber, die Basken, die Kelten, die Kimris, die Deutschen, die Berber usw.; und unter den schwarzen Rassen die äthiopischen Neger, die Caffres, die Tasmanier, Australier, Papua usw.

Im zweiten Sinne, das heißt im allgemeinen Sinne, bezeichnet der Begriff „Rasse" die *Gesamtheit* aller solcher Individuen, die eine bestimmte Anzahl gemeinsamer Charaktere haben und die, obwohl sie sich in anderen Charakteren unterscheiden und vielleicht in einem geteilt sind Eine unbestimmte Anzahl natürlicher Gruppen oder Rassen haben untereinander eine größere morphologische Verwandtschaft als mit dem Rest der Menschheit.

Jede Wortverwirrung setzt uns Fehlern bei der Interpretation von Tatsachen aus, und dieser ziemlich lange Exkurs in Bezug auf den Ursprung einer Konfession, den bestimmte Polygenisten der Sprache der Monogenisten entlehnt haben, ermöglicht es uns, die Leugnung der Existenz gemischter Rassen zu verstehen und warum Prichard dieser Idee nur die zweifelhaften und fiktiven Beispiele der Cafusos, der Griquas und der moppköpfigen Papua entgegenstellen konnte.

Wenn es tatsächlich wahr wäre, dass es nur fünf Menschenrassen auf dem Globus gibt, und wenn es möglich wäre, nachzuweisen, dass eine von ihnen durch die Vermischung mit einer anderen eugenetische Mulatten hervorgebracht hat, die in der Lage sind, eine gemischte Rasse zu bilden, die für sich allein und ohne Existenz fortbesteht Mit der späteren Übereinstimmung der Elternrassen wäre die Peinlichkeit noch nicht zu Ende. Nachdem es gelungen ist, einen solchen Nachweis für zwei der Hauptrassen zu etablieren, würde dies keineswegs notwendigerweise dazu führen, dass die Kreuzungen der neun anderen Kombinationen eugenetisch wie die erste sind. Wir müssten dann anhand von zehn aufeinanderfolgenden

Beispielen beweisen (was offensichtlich undurchführbar ist), dass die zehn möglichen Kreuzungen zwischen den fünf Grundrassen alle gleichermaßen und völlig produktiv sind. Die Schwierigkeit ist so groß, dass Dr. Prichard nach vielen Recherchen nur die drei bereits zitierten und widerlegten Fälle finden konnte. Da sich diese Tatsachen als nicht schlüssig erwiesen und andere Tatsachen, die wir gleich erwähnen werden, die Theorie hervorbrachten, dass *bestimmte* Vermischungen unvollkommen produktiv sind, gelangten die Pentagenisten zu der Meinung, dass die Möglichkeit einer endgültigen Vermischung von Rassen keineswegs gesichert sei und dass im Gegenteil, diese Möglichkeit kann verneint werden.

Die Pentagenisten beschäftigten sich zunächst hauptsächlich mit der Vermischung der fünf Hauptrassen; aber selbst von diesem Gesichtspunkt aus und wenn man den Begriff „Rasse" im allgemeinen Sinne nimmt, muss man zugeben, dass ihre Verneinung, obwohl sie weit davon entfernt ist, gerechtfertigt zu sein, immer noch auf einer solideren Grundlage beruht und weniger von der Wahrheit entfernt ist als die widersetzte sich der Bestätigung. Daher wurde es *ad interim als wertvoll angesehen* . Nachdem jedoch der Grundsatz der Nichtvermischung der Rassen erst einmal verkündet worden war, wurde die Verwirrung der Begriffe bald deutlich. Die Verneinung, die zunächst nur auf die künstlichen Gruppen angewendet wurde, die durch die Vereinigung von Rassen des gleichen Typs entstanden, wurde auf natürliche Rassen angewendet und so entstand die schreckliche Behauptung, dass in der Menschheit keine *gemischten Rassen existieren können* .

Es ist bemerkenswert, wie sich diese übermäßige und exklusive Theorie von der ersten unterscheidet, die sie verdrängt hat. Es besteht eine solche Kluft zwischen dem Ausgangspunkt und dem Schluss, dass sie nie hätte überwunden werden können, wenn nicht der zweideutige Begriff „ *Rasse"* die Distanz verdeckt hätte. Es ist erwiesen, dass Organisationsaffinitäten einen gewissen Einfluss auf die Ergebnisse der Kreuzung haben können. Bei der Untersuchung der Hybriditätsphänomene bei Vierbeinern und Vögeln haben wir bereits festgestellt, dass die Homogenese, ohne *immer* proportional zum Grad der Nähe der Arten zu sein, im Vergleich zu weiter entfernten Tieren *gewöhnlich abnimmt, und dass die Wahrscheinlichkeit uns dazu veranlasst, ähnliche Phänomene zu erwarten* die Vermischung der Menschen. Aber was waren die Grundlagen der Monogenisten und der Pentagenisten bei der Bildung der fünf ethnologischen Gruppen, die die fünf Grundrassen bilden? Warum wurden alle kaukasischen Rassen von ihnen in einer Familie vereint und von ihnen *die weiße* oder die kaukasische Rasse genannt? Es wurde bereits darauf hingewiesen, dass Rassen mit mehr oder weniger weißer Haut untereinander eine größere Verwandtschaft haben als mit allen anderen Rassen. Mit anderen Worten: Die zoologische Distanz zwischen Kelten, Germanen,

Kimris usw. ist geringer als die zwischen ihnen und den Negern, Caffres, Lappen, Australiern, Malaien usw.

Nehmen wir nun an, dass bewiesen wurde – was nicht der Fall ist –, dass die Rassen einer Gruppe *niemals* eine dauerhafte und dauerhafte Linie durch Vermischung mit einer der anderen hervorbringen können, können wir daraus schließen, dass die Rassen derselben Gruppe gleich sind? nicht in der Lage, durch ihre Mischung Mischlinge zu produzieren, die auf unbestimmte Zeit produktiv sind? Genauso wenig wie die Unfruchtbarkeit der Verbindung zwischen Hund und Fuchs auf die Unfruchtbarkeit zwischen Wolf und Hund schließen lässt; diese Schlussfolgerungen wären ebenso wenig physiologisch wie die ersteren. Wer die Fruchtbarkeit der gegenseitigen Kreuzungen der fünf Hauptprimärrassen leugnet, könnte in manchen Punkten irren und in anderen Recht haben. Aber diejenigen, die diese allzu allgemeine Verneinung auf die Vermischung sekundärer Rassen derselben Gruppe anwenden, begehen einen noch schwerwiegenderen Fehler. Sie haben wie die Monogenisten argumentiert, die aus Erfahrung wussten, dass sich *bestimmte* menschliche Rassen ohne Einschränkung vermischen können, und behaupteten, dass sich *alle* Rassen ohne Ausnahme in einem ähnlichen Zustand befänden. Es entsteht also ein seltsamer Widerspruch in diesen beiden Schulen; Die eine behauptet entschieden, dass sich alle Rassen vermischen können und dass ihre Nachkommen und Nachkommen so fruchtbar sein werden, als ob sie einer reinen Rasse angehören würden, während die zweite ebenso entschieden vertritt, dass keine gemischte Rasse eine andere als eine vergängliche Existenz haben kann.

Zwischen diesen gegensätzlichen Behauptungen können wir uns durchaus fragen: Wo liegt die Wahrheit? Fakten müssen die Frage beantworten. Wir werden versuchen, einige davon zu untersuchen. Einige der Tatsachen sprechen für die Monogenisten, andere stützen die Meinung ihrer Gegner, woraus wir schließen können, dass es in der Gattung Homo *wie* in den Gattungen ihrer Säugetiere verschiedene Grade der Homogenese gibt die Rassen oder Arten; dass die Kreuzungen bestimmter Rassen vollkommen eugenetisch sind; dass andere in der Reihe der Hybridität eine weniger hohe Position einnehmen; und schließlich, dass es menschliche Rassen gibt, deren Homogenese noch so unklar ist, dass die Ergebnisse selbst der ersten Vermischung noch zweifelhaft sind.

ABSCHNITT II.

DER EUGENESISCHEN HYBRIDITÄT IN DER MENSCHHEIT.

WENN die Meinung, die ich bekämpfen möchte, nicht von den Autoren unterstützt würde, wäre es vielleicht überflüssig zu zeigen, dass es in der menschlichen Spezies *eugenetische Hybriden gibt* . Die meisten Leser dieser Seiten müssen sich mit dieser Einschränkung abfinden, denn gewiss sind Männer reiner Rasse in dem Land, in dem sie leben, sehr selten. Tatsächlich ist nichts klarer, als dass viele moderne Nationen, allen voran die Franzosen, durch die Vermischung von zwei oder mehr Rassen entstanden sind. Mein ausgezeichneter Lehrer, Gerdy, [16], hat diesem Thema in seiner Physiologie ein langes Kapitel gewidmet und ist nach umfangreicher Forschung zu dem Schluss gekommen, dass alle oder fast alle tatsächlichen Rassen mehr als einmal gekreuzt wurden, und das auch Die durch so viele Kreuzungen veränderten und modifizierten Urtypen der Menschheit sind auf der Erde nicht mehr vertreten. Hier liegt eine große Übertreibung vor: Denn es gibt Rassen, die aufgrund einer besonderen geographischen Lage und der Vorurteile von Kaste oder Religion in einem Zustand der Reinheit geblieben sind; und andererseits reicht es, wie MP Bérard [17] bemerkt, für die Entstehung einer Mischlingsrasse nicht aus, dass zwei Gruppen verschiedener Rassen sich verbünden und fusionieren. Wenn in einer der Gruppen eine zu große zahlenmäßige Ungleichheit besteht, nehmen die Mischlinge nach Ablauf einiger Generationen fast alle Merkmale der zahlreicheren Rasse an und verschmelzen mit ihr. Aus diesem Grund haben viele Rassen trotz zahlreicher Kreuzungen alle ihre Charaktere aus der fernen Antike bewahrt. Ich hatte bereits Gelegenheit zu beobachten, dass die *Fellachen* des heutigen Ägypten genau den Figuren ähneln, die in der Pharaonenzeit dargestellt wurden. [18] Kein Land wurde jedoch so häufig erobert wie Ägypten, das von Kambyses bis Mehemet-Ali mehr als dreiundzwanzig Jahrhunderte lang von Völkern fremder Rassen, Persern, Griechen, Römern, Arabern, Türken, regiert und unterdrückt wurde. und Mamelucken. Die von Alexander und seinen Nachfolgern gegründeten makedonischen Kolonien verloren bald ihren ethnologischen Charakter. [19] Süditalien hat den Eindruck der normannischen Rasse nicht bewahrt. Es wäre vergeblich, in Kleinasien nach den Nachkommen der Gallier mit blonden Haaren zu suchen, [20] die sich einst in Galatien niederließen; und obwohl die Westgoten Spanien mehr als zwei Jahrhunderte lang besaßen und nie daraus vertrieben wurden, können wir die Zahl der Eroberer ohne Übertreibung auf mehrere Hunderttausend schätzen, und obwohl ihr Blut, durch Vermischung gemildert, bis zum heutigen Tag fließt Die Adern einer großen Zahl von Spaniern haben keine Spur ihrer germanischen Herkunft bewahrt.

Wenn jedoch die Vermischung der Rassen in nahezu gleichen Anteilen erfolgt oder wenn sie nicht das Ergebnis einer einzigen Invasion, sondern einer beständigen und reichlichen Einwanderung ist, ist der Fall ganz anders, und die Verschmelzung der ethnologischen Elemente führt zu einem Hybridpopulation, in der die Zahl der Individuen einer reinen Rasse ständig abnimmt, so dass nach Ablauf einiger Jahrhunderte die Vertreter der beiden Urtypen zur Ausnahme werden. In einer langen Abhandlung „Über die Ethnologie Frankreichs", die ich kürzlich vor der Anthropologischen Gesellschaft von Paris gelesen habe, habe ich gezeigt, in welchem Ausmaß Vermischung das Gesicht eines Volkes verändern kann. Zunächst untersuchen wir die vorliegenden historischen Aufzeichnungen, die Herkunft der Bevölkerung unserer Departements und schätzen so weit wie möglich das Verhältnis der Elemente ein, die wir in Kombination finden; Indem ich außerdem für jede Region die Haupt- und Nebenbestände ermittelte, konnte ich in der heutigen französischen Nation inmitten der unzähligen Variationen von Statur, Hautfarbe, Haaren, Augen, Kopfformen usw. finden, die möglich sind Überall ist mit gemischten Rassen zu rechnen; Ich konnte, ich wiederhole, die Charaktere dieser verschiedenen Rassen erkennen und den mehr oder weniger ausgeprägten und dominanten Einfluss der Kelten, Kimris, Römer und Germanen erkennen. Aufgrund der Rekrutierungsstatistik war ich sogar in der Lage, meinen Nachforschungen hinsichtlich der Statur eine strenge Genauigkeit zu geben. Ich kann an dieser Stelle nicht auf Einzelheiten eingehen: Ich bin verpflichtet, den Leser auf die Memoiren zu verweisen, die von der Anthropological Society herausgegeben werden. Tatsächlich war es nur deshalb notwendig, weil herausragende Männer seit einigen Jahren an der Existenz eugenesischer Hybridität in der Menschheit zweifelten, dass es notwendig wurde, eine so offensichtliche These zu beweisen, dass die Bevölkerung Frankreichs in mindestens neunzehn Zwanzigsteln unseres Territoriums stellt in unterschiedlichem Ausmaß die Charaktere gemischter Rassen dar.

Dieses einzige Beispiel könnte genügen; aber ich habe keinen Zweifel daran, dass es durch eine ähnliche Untersuchung des historischen Ursprungs und des tatsächlichen Zustands der Völker Norditaliens, Süddeutschlands und Großbritanniens – ganz zu schweigen von den Vereinigten Staaten, wo die Blutsverschmelzung wahrscheinlich unerklärlich ist – der Fall ist Mit gleicher Sicherheit könnte nachgewiesen werden, dass diese verschiedenen Rassen durch ihre Vermischung noch heute erkennbare ethnologische Veränderungen hervorgebracht haben. In all diesen Ländern steht die Instabilität anthropologischer Charaktere im Gegensatz zu der Starrheit, die das Kennzeichen reiner Rassen ist; und wir könnten ohne Angst vor Irrtümern sagen, dass der größte Teil Westeuropas von gemischten Rassen bewohnt ist.

Darüber hinaus haben die Autoren, die die Existenz gemischter Rassen geleugnet haben, nicht geleugnet, dass es in Europa und anderswo zahlreiche lebhafte Populationen gibt, die durch die Vermischung zweier oder mehrerer verschiedener Rassen entstanden sind. Sie behaupteten lediglich, dass Mischlingsrassen, unabhängig von ihrer Herkunft, in Bezug auf die Fruchtbarkeit zwangsläufig den reinblütigen Individuen unterlegen seien und dass ihre direkten Nachkommen nach einigen Generationen aussterben würden, sofern sie keine neuen Bündnisse mit den Mutterrassen eingingen, oder zumindest mit einem von ihnen. Wenn wir dagegen einwenden, dass die gemischten Bevölkerungen überall, wie in Frankreich und Großbritannien, eine Vitalität und Fruchtbarkeit besitzen, die nichts zu wünschen übrig lässt, so entgegnen sie, dass dies nichts beweise; dass die Kreuzungen in einer Nebenlinie häufig vorkommen, wie es in Fällen paragenetischer Hybridität beobachtet wird, und sie fügen hinzu, dass zwei Fälle auftreten können:

1. Wenn zwischen den beiden primitiven Rassen eine sehr große zahlenmäßige Ungleichheit entsteht, so absorbiert die vorherrschende Rasse bald die andere. Nach zwei oder drei Generationen zählt die weniger zahlreiche Rasse kaum noch einen Vertreter, und die Kreuzungen werden in der zahlreicheren Rasse verschmolzen. Letzterer gelangt dadurch wieder in den Zustand ursprünglicher Reinheit. Die Mischrasse hat nur eine vorübergehende Dauer und hinterlässt keine Spur ihrer Existenz.

2. Wenn im Gegenteil die beiden Rassen, obwohl zahlenmäßig ungleich, in einem ausreichenden Verhältnis zueinander stehen, dass keine der beiden die andere absorbieren kann, so bleiben beide auf unbestimmte Zeit nebeneinander auf demselben Boden bestehen. Die Hybridrasse, die sie hervorbringen, scheint ebenfalls auf unbestimmte Zeit fortzubestehen; aber nur dem Schein nach, denn sie heiraten ständig mit den reinen Rassen, während diese untereinander heiraten. Die Mischrasse gewinnt somit in jeder Generation einen Anteil, der so groß ist, wie sie verliert. Diejenigen, die sie heute repräsentieren, sind nicht die Nachkommen derjenigen, die die Mischrasse vor fünf oder sechs Generationen repräsentiert haben. Es wird nicht durch sich selbst aufrechterhalten: Es existiert nur unter der Bedingung, dass es von den Rassen, aus denen es hervorgegangen ist, aufrechterhalten wird, und wenn es eine Zeit käme, in der es völlig von diesen beiden Rassen isoliert und auf seine eigenen Kräfte reduziert wäre, würde es dies zwangsläufig tun sterben nach einigen Generationen aus.

Ich könnte einen Einwand gegen den ersten Punkt erheben, denn es scheint mir nicht bewiesen zu sein, dass bei einer Mischung von sehr ungleichen Verhältnissen die weniger zahlreiche Rasse *keinen Einfluss* auf die andere

Rasse ausübt. Ich erkenne jedoch an, dass dieser Einfluss, sofern er existiert, gering genug ist, um beiseite gelegt zu werden.

Der zweite Punkt ist viel schwerwiegender, denn wenn er uneingeschränkt akzeptiert wird, müssen wir zugeben, dass es in der Menschheit keine eugenetische Hybridität gibt und dass alle Kreuzungen, unabhängig von ihrer Herkunft, ob sie von uns nahestehenden oder entfernten Rassen abstammen, nicht bloß sind die Nachkommen der Weißen und Neger, aber auch der Kelten und Kimris sind nicht in der Lage, eine dauerhafte Nachkommenschaft hervorzubringen. Ich für meinen Teil glaube, dass dies bei bestimmten Mischlingsrassen tatsächlich der Fall ist; Ich glaube, dass es in der Gattung *Homo* sehr unterschiedliche Grade eugenesischer Hybridität gibt; Aber nachdem ich erkannt habe, dass es eugenetische Hybridität zwischen Hund und Wolf, Hase und Kaninchen, Ziege und Schaf, Kamel und Dromedar gibt, darf ich sagen, dass sie auch zwischen bestimmten Menschenrassen existiert.

Unter den Tatsachen, die angeführt werden, um die Unfruchtbarkeit menschlicher Kreuzungen zu beweisen, sind einige von großem Wert; wir werden sie im Folgenden untersuchen; andere wurden falsch interpretiert, während andere alles andere als genau sind. Ich habe bereits auf eine Fehlerursache hingewiesen, die nicht berücksichtigt wurde und häufig vorkommt: Es ist der Klimawandel, der allein in der Lage ist, eine Rasse, die in die Mitte einer anderen Rasse verpflanzt wurde, zu sterilisieren. Bevor wir den gemischten Nachkommen einer Einwandererrasse einen Fruchtbarkeitsmangel zuschreiben, müssen wir prüfen, ob die Individuen dieser Rasse im selben Land in ihren direkten Allianzen produktiver sind. Es ist zum Beispiel bekannt, dass die Mamelucken, die aus der Region des Kaukasus stammen, nie in Ägypten Fuß gefasst haben, wo sie jedoch von 1250, der Epoche ihrer Ankunft, bis 1811, der Zeit ihrer Ausrottung, ihre Kaste bildeten bildete schon immer einen bedeutenden Teil der Bevölkerung. Sie konnten sich nur durch Verstärkung ernähren, die sie jährlich aus dem Heimatland erhielten, und obwohl seit dem großen Massaker von Kairo noch kein halbes Jahrhundert vergangen ist, gibt es an den Grenzen des Nils keine Spur von ihnen. Aufgrund dieser Tatsache wurde daraus geschlossen, dass die Nachkommen der Mamelucken und der Ägypter Hybriden mit geringer oder keiner Fruchtbarkeit waren. Gliddon hat es so interpretiert, und Pouchet hat diese Interpretation akzeptiert. [21] Dies ist jedoch nicht der wahre Grund für die Unfruchtbarkeit der Mamelucken in Ägypten, und Volney, der diese Rasse gegen Ende des letzten Jahrhunderts sorgfältig beobachtet und studiert hat, macht folgende Bemerkungen zu ihnen: „Angesichts dessen Da sie in Ägypten seit Jahrhunderten existieren, könnte man annehmen, dass sie sich durch den gewöhnlichen Prozess der Züchtung selbst reproduziert haben. aber wenn ihre erste Ansiedlung eine merkwürdige Tatsache ist, so ist es ihre Aufrechterhaltung nicht weniger. Seit fünf Jahrhunderten gibt es in Ägypten Mamelucken, doch keine einzige von ihnen hat eine überlebende Linie hinterlassen: Es gibt keine einzige Familie der zweiten Generation, alle ihre Kinder sterben in der ersten oder zweiten Generation. *Den Osmanen geht es fast genauso* , und es wird beobachtet, dass sie sich nur vor dem gleichen Schicksal bewahren, indem sie einheimische Frauen heiraten – was die *Mamelucken schon immer verachtet haben* . (Die Frauen der Mamelucken wurden wie ihre Sklaven aus Georgien, Mongrelia usw. importiert.) Nun soll erklärt werden, warum wohlgeformte Männer, die mit gesunden Frauen verheiratet sind, an den Ufern des Nils kein am Fuß gebildetes Blut einbürgern können des Kaukasus! Gleichzeitig werden wir daran erinnert, dass europäische Pflanzen sich ebenfalls weigern, ihre Art an diesem Standort zu verewigen." [22] Trotz der Präzision dieser Passage nahmen zweifellos viele Mamelucken Frauen und zahlreiche Konkubinen von der einheimischen Bevölkerung. Es ist schwer zu glauben, dass es anders hätte sein können, und Gliddon hatte Recht zu sagen, dass, wenn die Nachkommen der beiden Rassen fruchtbar gewesen wären, in Ägypten unweigerlich eine Mischrasse entstanden wäre. Aber die von Volney offenbarte Tatsache, die vollkommen authentisch ist, behält immer noch ihre Gültigkeit, nämlich dass die Mamelucken durch die einfache Tatsache des Landeswechsels die Fähigkeit verloren hatten, mit den Frauen ihrer eigenen Rasse eine fruchtbare Nachkommenschaft zu *zeugen* ; Daher gibt es keinen Beweis dafür, dass die Unfruchtbarkeit ihrer Nachkommen vom Einfluss der Hybridität, sondern vielmehr vom Einfluss des Klimas abhing.

Es ist nicht unsere Absicht, nacheinander alle besonderen Mischungen menschlicher Rassen zu überprüfen oder den Grad der Fruchtbarkeit der daraus resultierenden Hybriden zu bestimmen.

Um zu zeigen, dass eugenetische Hybridität wirklich existiert, genügt ein Beispiel, sofern es schlüssig ist; und um dieses Beispiel zu finden, müssen wir nicht über unser Land hinausreisen. Die Bevölkerung Frankreichs stammt, wie wir anderswo ausführlich festgestellt haben, von mehreren sehr unterschiedlichen Rassen ab und weist überall den Charakter gemischter Rassen auf. Die reinen Vertreter der Urrassen bilden eine sehr kleine Minderheit; Dennoch ist diese hybride Nation, gemäß der Theorie von Herrn Gobineau, weit davon entfernt, zu verfallen; Einigen anderen Autoren zufolge ist die Fruchtbarkeit weit davon entfernt, abnehmend zu sein, sondern sie nimmt täglich an Intelligenz, Wohlstand und Zahl zu. Seit die Revolution das letzte Hindernis niedergerissen hat, das sich der Rassenvermischung entgegenstellte, und trotz der gigantischen Kriege, die 25 Jahre lang die Elite seiner *männlichen* Bevölkerung niedergemäht haben, hat Frankreich die Zahl seiner Einwohner immer weiter erhöht als ein Drittel; Dies ist kein Verfallssymptom. Dr. Knox hielt es in seinem merkwürdigen Aufsatz über die Rassen der Menschen (London, 1850) für angebracht, in Bezug auf die Franzosen einige harte Wahrheiten auszusprechen, aber auch einige Verleumdungen, die wir seinem Patriotismus zuschreiben werden . Herr Knox hat der französischen Nation einen zunehmenden physischen Wohlstand beschert, und da dieser Teil der Frage der einzige ist, der uns hier beschäftigt, könnten wir auf jede weitere Aussage verzichten. Dieser gelehrte Autor glaubte, dass das, was er über die Franzosen sagte, ausschließlich auf die keltische Rasse zutraf; er nahm an, dass es auf unserem Boden nur reine Kelten gäbe und dass die anderen ethnologischen Elemente den Charakter der alten gallischen Rasse in keiner Weise verändert hätten. Ich habe diese Behauptung ausführlich in meinem *Mémoire sur l'Ethnologie de la France widerlegt* , und Dr. Knox, der auf seine Weise die keltische Rasse lobte, hat dies nicht unbewusst und im Gegensatz zu seinem eigenen System bemerkt, schrieb er die Entschuldigung einer stark gemischten Rasse. Aber die Anhänger dieses Systems werden zweifellos sagen, dass die gemischte kimro-keltische Rasse, die jetzt Frankreich bewohnt, im Großen und Ganzen nicht für sich selbst existiert; dass die beiden Elternrassen, die Kelten und die Kimris, von denen die eine im Nordosten, die andere im Nordwesten, im Süden und in der Mitte vorherrscht, in ihren jeweiligen Regionen nahezu rein bestehen bleiben und dass sie sich vermischen Die Rasse erhält sich nur dadurch, dass sie sich unaufhörlich in diesen lebhaften *Brennpunkten rekrutiert* . Meine Antwort darauf ist, dass die Individuen, die den keltischen oder kimrischen Typ perfekt repräsentieren, unendlich seltener sind als die anderen, selbst in den Gebieten, in denen Geschichte oder Beobachtung zeigen, dass der Einfluss einer dieser Rassen insgesamt überwiegt. Besonders selten sind sie in den Bezirken der Zwischenzone, die ich Kimro-keltisch genannt habe, und wo die beiden Hauptrassen ursprünglich zu nahezu gleichen Anteilen vermischt waren. Schließlich ist in diesen letzteren Departements, wo die Durchmischung am stärksten war, die Bevölkerung weder weniger schön, noch weniger robust oder fruchtbar als in den anderen. Was die Kraft der Verfassung anbelangt, habe ich in den Registern für die Einstellung die Sonderliste der Ausnahmen aufgrund von Gebrechen, also aus anderen körperlichen Gründen als der Statur, konsultiert. Ich habe herausgefunden, dass unter sonst gleichen Umständen in den reinsten Departements auf 1000 Wehrpflichtige ebenso viele Gebrechliche kommen wie in den gemischten Bezirken. Ich kann mich hier nicht länger mit diesem Vorschlag befassen, den ich in meinem *Mémoire sur l'Ethnologie de la France* ausführlich dargelegt habe .

Bleibt nun noch die Frage der Fruchtbarkeit. Die Ursachen, die die Zunahme oder den Rückgang einer Bevölkerung bestimmen, sind so mannigfaltig und größtenteils so ethnologischen Einflüssen so fremd, dass wir den Grad der Fruchtbarkeit verschiedener Rassen nicht ohne schwerwiegende Fehler schätzen können, indem wir sie für jede einzelne vergleichen , die Zahl der Geburten und Sterbefälle. Es erscheint jedoch sehr wahrscheinlich, dass nicht alle Rassen gleich produktiv sind, und der Verstand erkennt leicht, dass es zwischen ihnen bemerkenswerte Unterschiede geben muss. Es ist daher nicht erforderlich, dass die Fruchtbarkeit der Kreuzung absolut *der* von reinblütigen Individuen entspricht, damit eine Mischung eugenetisch ist. Wäre durch strenge Zahlen nachgewiesen worden, dass sich eine Mischrasse durch die einfache Tatsache der Vermischung weniger schnell fortpflanzt als die beiden Elternrassen, und wenn nachgewiesen worden wäre, dass sie eine größere Anzahl von Fällen sporadischer Unfruchtbarkeit aufweist, würde dies keineswegs dazu führen daraus, dass diese Mischrasse unfähig ist, sich selbst zu erhalten und zu vermehren. Die Vermischung würde ihre eugenetische Wirkung verlieren, wenn die Tatsache der Unfruchtbarkeit so weit verbreitet wäre, dass die Zahl der Geburten mit jeder neuen Generation abnimmt, sodass die durch den Tod verursachten Lücken schließlich nicht mehr geschlossen werden könnten und sich die Rasse früher oder später als unvermeidlich für sie bestimmt erweisen würde , Aussterben. Selbst wenn also nachgewiesen werden würde, dass die Nachkommen einer Vermischung zwischen Kelten und Kimris etwas weniger produktiv sind als die Vorfahren der reinen Rassen und dass die gemischten Populationen weniger schnell zunahmen als die anderen; Die kimro-keltische Hybridität würde deshalb nicht aufhören, eugenetisch zu sein, vorausgesetzt, die *relative* Sterilität sinkt nicht unter den Grad, an dem die Sterilität *absolut wird* , das heißt, wenn die Fruchtbarkeit unzureichend wird. Aber in den Abteilungen, in denen Geschichte und Ethnologie beweisen, dass die Durchmischung bis zum Äußersten getrieben wurde, ist die Bevölkerung keineswegs zurückgegangen, sondern hat seit der Revolution, nämlich seit der Errichtung neuer Territorialgliederungen, ebenso rasch zugenommen wie in den übrigen Gebieten Frankreich, und es scheint mir sicher, dass die Vermischung von Kimris und Kelten entweder untereinander oder mit Römern und Germanen Beispiele eugenesischer Hybridität darstellt.

Wir müssen jedoch darauf achten, nicht die paradoxe Argumentation unserer Gegner zu imitieren und aus der Tatsache, dass einige Kreuzungen bestimmter *Rassen eugenesisch sind, a priori* den Schluss zu ziehen, dass *alle* anderen Vermischungen gleichermaßen eugenetisch sind. Das Studium der Hybridität bei Vögeln und Vierbeinern hat uns gelehrt, dass wir vor der Durchführung des Experiments nie mit Sicherheit wissen können , was das Ergebnis der Kreuzung sein wird. Wir dürfen auch nicht vergessen, dass die ethnologischen Tatsachen, die uns als Beispiele gedient haben, sich auf die Vermischung von Rassen beziehen, die zweifellos verschieden, aber in vielerlei Hinsicht nahezu verwandt sind. Ist die Mischung der weiter voneinander entfernten Rassen gleichermaßen produktiv und sind die Nachkommen eugenetisch? Dieser Frage wollen wir nun nachgehen.

ABSCHNITT III.

BEISPIELE, DIE BEWEISEN, DASS DIE VERMISCHUNG BESTIMMTER MÄNNERRASSEN NICHT EUGENESISCH SIND.

IM ersten Teil dieses Aufsatzes haben wir versucht festzustellen, dass bestimmte menschliche Kreuzungen eine unbegrenzte Fruchtbarkeit besitzen, sowohl in ihren direkten Allianzen als auch mit einer der Elternrassen, woraus wir gefolgert haben, dass eugenetische Hybridität tatsächlich in der Menschheit existiert.

Wir beabsichtigen nun, die Ergebnisse bestimmter, unterschiedlicherer Vermischungen zu untersuchen und eine Reihe von Fakten zu überprüfen, die zu dem Schluss führen, dass nicht alle menschlichen Kreuzungen eugenetisch sind.

Lassen Sie uns zunächst beobachten, inwieweit die Phänomene der eugenesischen oder nicht-eugenesischen Hybridität die Lösung der großen Frage beeinflussen können, die zwischen den Monogenisten und den Polygenisten anhängig ist.

Was die eugenetische Hybridität bei Tieren im Allgemeinen kennzeichnet, ist die unbegrenzte Fruchtbarkeit der Mischlinge ersten Grades untereinander. Es ist keineswegs notwendig, dass die Elternarten in ihren Kreuzungen ebenso produktiv sein sollten wie in ihren direkten Verbindungen, noch dass die Mischlinge so produktiv wie ihre Eltern, so groß, so stark und langlebig usw. sein sollten. Angenommen Zum Beispiel, dass die Wölfin bei der Dogge schwerer schwanger wird als bei ihrem richtigen Partner; Nehmen wir sogar an, dass diese Kreuzung nur ausnahmsweise wirksam ist; dass es nur einmal von zehn gelingt, statt ständig, wie es bei Tieren derselben Art vorkommt; es würde genügen, wenn in diesem zehnten Fall die Mischlinge sehr häufig die Kreuzungseugenie aussprechen würden. Nehmen wir außerdem an, dass die hybriden Wolfshunde ersten Grades nur etwa zwei oder drei Würfe hervorbringen würden, also nur die Hälfte der Anzahl, die normalerweise von Wölfinnen und Hündinnen produziert wird, dann würde das Ergebnis sein, dass diese Zwischenrasse brüten würde um die Hälfte weniger schnell als die reine Art; Vorausgesetzt aber, dass die Produktivität der Mischlinge nicht unter das für die Erhaltung der Art notwendige Maß absinkt und der Verlust in jeder Generation wiedergutgemacht werden kann, wäre die Kreuzung immer noch eugenetisch und würde auch dann nicht aufhören, so zu sein, selbst wenn die Diese Rasse war nur halb so stark und nur halb so langlebig wie ihre Eltern.

Bemerkungen zur Interpretation der menschlichen Hybridität

Wenn also ein Physiologe die Existenz dieses Grades an Hybridität nachweisen möchte, den wir eugenetisch genannt haben, wählt er zwei völlig anerkannte, unterschiedliche Tierarten aus, kreuzt sie, untersucht ihre Rassen, und wenn er feststellt, dass sie unendlich produktiv sind, tut er es Für ihn reicht es aus, die Existenz eugenesischer Hybridität zu bestätigen – das heißt, dass die physiologische Definition der *Art* inakzeptabel ist. Aber wenn ein Zoologe bei der Untersuchung zweier Tierrassen, deren spezifische Bestimmung immer noch umstritten ist, nachzuweisen versucht, dass diese beiden Rassen lediglich Varietäten derselben Art sind, und zwar um die von ihm aufgezeigten unterschiedlichen anatomischen Merkmale abzuschwächen Gegner, er beruft sich auf die physiologische Analogie der Vermischung, wir haben das Recht, mehr als nur eine teilweise Demonstration zu erwarten. Wir müssen zunächst beweisen, dass die Vermischung der beiden Rassen einen Fall eugenesischer Hybridität darstellt; Denn wenn die Kreuzungen untereinander nicht unendlich fruchtbar sind, ist es sicher, dass die beiden Rassen nicht derselben Art angehören. Wenn dieser erste Punkt geklärt ist, führt dies noch nicht zu einer Schlussfolgerung, da Tiere verschiedener Arten eugenetische Rassen hervorbringen können. Er muss daher alle Fortpflanzungsphänomene vollständig analysieren und beweisen, dass sie bei den Elternrassen und bei der Hybridrasse genau gleich sind. Es ist nicht nur die sexuelle Analogie, sondern auch die sexuelle Identität, die offensichtlich gemacht werden muss; Denn aus seiner Sicht reicht es nicht aus, dass die beiden fraglichen Rassen bis zu einem gewissen Grad homogen sind, sie müssen völlig homogen sein, und der geringste genitale Unterschied wird zu einem Argument gegen die von ihm vertretene These. Wenn die Kreuzung zwar sehr produktiv ist, aber weniger produktiv ist als ihre Eltern oder in ihren Kreuzungen weniger produktiv ist als ihre direkten Allianzen; oder schließlich, wenn die Untersuchung dieser Kreuzungen irgendeine funktionelle Ungleichheit zeigt, könnte es sehr wahrscheinlich werden, dass die beiden Rassen nicht derselben Art angehören. Dies wäre auch dann der Fall, wenn die Kreuzung weniger stark und lebhaft wäre als die Individuen der reinen Rasse, oder wenn eine der Kreuzungen produktiver wäre als die umgekehrte Kreuzung, wie es in bestimmten Fällen von Hybridität beobachtet wird, die sich mehr annähern oder weniger von *einseitiger Hybridität* . Die Existenz eines dieser Phänomene könnte ein Beweis dafür sein, dass die beiden Rassen nicht homogen sind, und könnte uns zu der Annahme verleiten, dass sie nicht derselben Art angehören.

Die Monogenisten, die den Nachweis der Einheit der menschlichen Spezies auf den physiologischen Charakter der Fruchtbarkeit der Kreuzungen gestützt haben, haben diese Elemente nicht berücksichtigt. Sie haben sich auf die Behauptung beschränkt, dass alle menschlichen Rassen Kreuzungen hervorbringen können und dass alle diese Rassen produktiv seien. Auch wenn man für einen Moment zugibt, dass diese Behauptungen zutreffend sind, ist die Schlussfolgerung, die sie daraus gezogen haben, immer noch anfechtbar, bis sie nachweisen können, dass die Untersuchung dieser Kreuzungen keine genitale Ungleichheit zwischen den Elternrassen aufdeckt.

Aber was wird aus ihrer Argumentation, wenn bewiesen wird, dass nicht alle Vermischungen eugenistischer Natur sind, das heißt, dass bestimmte Mischlinge untereinander nicht unendlich produktiv sind? dass andere Kreuzungen in der ersten Generation unfruchtbar werden; und schließlich, dass bestimmte Rassen so wenig homogen sind, dass die Entstehung von Kreuzungen ersten Grades mehr oder weniger außergewöhnlich ist? Wenn einer dieser Sätze wirksam begründet werden kann, hätten die Monogenisten kaum Grund, sich dafür zu beglückwünschen, dass sie sich auf die Physiologie berufen haben. Im Gegenteil hätten sie ihre Gegner mit tödlichen Waffen ausgestattet, und ihre Doktrin wäre auf dem von ihnen selbst gewählten Schlachtfeld zunichte gemacht worden.

Die Tatsachen, die ich darlegen möchte, beweisen tendenziell, dass es ein großer Fehler war, alle Vermischungen von Menschen als eugenetisch zu betrachten. Da ich gezwungen bin, mich auf Zeugenaussagen zu berufen, die vielleicht nicht immer eine wünschenswerte Genauigkeit aufweisen, könnten einige Zweifel über meiner Schlussfolgerung schweben; Aus dieser Skizze geht jedoch hervor, dass die Untersuchung der Gesetze der Hybridität alles andere als günstig für die Lehre der Monogenisten ist.

Wir werden die Kreuzungen sowohl im Hinblick auf ihre Fruchtbarkeit als auch auf ihre physische und moralische Gültigkeit untersuchen; Denn aus unserer Sicht reicht es aus, zu beweisen, dass bestimmte Kreuzungen den Elternrassen hinsichtlich Langlebigkeit, Kraft, Gesundheit und Intelligenz unterlegen sind, um es sehr wahrscheinlich zu machen, dass die beiden Rassen nicht von derselben Rasse sind Spezies.

Relative Unfruchtbarkeit der Kreuzungen zwischen Weißen und Negern

Wenn ein Monogenist nachweisen soll, dass alle menschlichen Vermischungen eugenetischer Natur sind, nennt er als Erstes üblicherweise das der Mulatten in Amerika, die Frage der Vereinigung europäischer Kolonisten und afrikanischer Negerinnen. Dieses Beispiel, das lange Zeit als entscheidend galt, dürfte nicht ohne Antwort bleiben; denn es gibt Rassen, die sich viel stärker von uns unterscheiden als die Rassen der Westküste Afrikas; Aber hier stellt sich die Frage, ob es ganz wahr ist, dass alle amerikanischen Mulatten eugenetisch sind.

Wir stoßen zunächst auf diese Tatsache, nämlich dass die Verbindung des Negers mit einer weißen Frau häufig unfruchtbar ist, während die Verbindung eines weißen Mannes mit einer Negerin vollkommen fruchtbar ist. Dies könnte dazu führen, dass zwischen diesen beiden Rassen eine Art

Hybridität entsteht, die derjenigen zwischen Ziegen und Schafen analog ist, die wir als *einseitige Hybridität bezeichnet haben* . Professor Serres, der sich der Schwere dieser Tatsache völlig bewusst ist, hat die folgende Erklärung abgegeben: „Eines der Merkmale der äthiopischen Rasse [24] besteht in der Länge des Penis im Vergleich zu der der kaukasischen Rasse." Diese Dimension stimmt mit der Länge des Uteruskanals bei der äthiopischen Frau überein, und beide haben ihre Ursache in der Form des Beckens bei der Negerrasse. Aus dieser körperlichen Veranlagung resultiert, dass die Verbindung des kaukasischen Mannes mit einer äthiopischen Frau einfach und für die letztere ohne jede Unannehmlichkeit ist. Anders verhält es sich bei der Verbindung der Äthiopierin mit einer kaukasischen Frau, die auf frischer Tat leidet: Der Gebärmutterhals wird gegen das Kreuzbein gedrückt, so dass der Fortpflanzungsakt nicht nur schmerzhaft, sondern häufig unproduktiv ist . "

Obwohl diese Erklärung auf einem vollkommen korrekten anatomischen Charakter beruht, ist sie doch alles andere als zufriedenstellend; aber wir haben es hier zitiert, um zu zeigen, dass einer der beiden bedeutendsten Monogenisten unserer Epoche als völlig authentische Tatsache zugegeben hat, dass die Verbindung kaukasischer Frauen mit Negern sehr häufig unproduktiv ist.

Herr Theodore Waitz, Autor einer wissenschaftlichen Abhandlung über Anthropologie (der erste Band ist ausschließlich dem Studium allgemeiner Lehren gewidmet), hat die Frage der Rassenvermischung sorgfältig untersucht und sich bemüht, die Ergebnisse dieser Kreuzungen mit dem System in Einklang zu bringen von Monogenisten. Dennoch musste er aufgrund der zahlreichen gesammelten Dokumente zugeben, dass die Kreuzungen in vielen Fällen schwach beschaffen sind. So sind im Senegal die Nachkommen der Foulahs und der Neger hübscher und intelligenter als die letzteren, aber dort Unter ihnen sind viele Stotterer, Blinde, Bucklige und Idioten. Die Kinder von Arabern und die Frauen von Darfour sind geschwächt und wenig lebhaft, und der Autor fügt hinzu, *dass die Kinder einer Europäerin und eines Negers selten kräftig sind* . [25]

Diese verschiedenen Untersuchungen scheinen zu ergeben, dass die Verbindung zwischen dem Neger und einer weißen Frau wenig produktiv ist und dass ihre Nachkommen weder kräftig noch lebhaft sind. Dennoch lassen wir diese Schlussfolgerung mit einer gewissen Zurückhaltung zu, da die erklärten Verbindungen von Negern mit weißen Frauen vergleichsweise selten sind und die Autoren, die darüber gesprochen haben, ihre Schlussfolgerungen daher nur auf wenige Tatsachen stützen konnten. Die umgekehrte Vermischung zwischen dem Weißen und der Negerin ist im Gegenteil sehr häufig und in der ersten Generation ebenso häufig wie in den direkten Verbindungen zwischen Individuen derselben Rasse.

Es ist ebenfalls bekannt, dass Mulatten und Mulatressen sehr häufig Rückkreuzungen mit ihren Elternrassen vornehmen. Die große Anzahl von Individuen aller Schattierungen, die mit den Namen Quadroon, Quinterons, Tercerons, Griffes, Marabouts, Cabres usw. und mit der Sammelbezeichnung Mischblut bezeichnet werden, *beweist* dies. Die Hybridität von Weißen und Negern entspricht daher zumindest dem, was wir bei Tieren unter dem Namen *paragenesische Hybridität beschrieben haben* . Es stellt sich nun die Frage, ob es eugenetischer Natur ist, das heißt, ob Mulattinnen und Mulatinnen ersten Grades untereinander unendlich fruchtbar sind.

Relative Sterilität einiger Mulatten in der ersten Generation

Es wäre unklug, uns auf oberflächliche Beobachtungen zu beschränken, obwohl es schwierig ist, positive Beobachtungen zu sammeln. Mulatten ersten Grades sind keine klar definierte und umschriebene Kaste wie die Weißen und Neger reinen Blutes. Mulatinnen vereinen sich lieber mit Weißen oder mit Mestizen, die weißer sind als sie selbst. Mulatten sind daher häufig gezwungen, sich entweder mit reinen Negerinnen oder mit Mulattinnen zu vermischen, die aus einer Rückkreuzung mit der Negerrasse hervorgegangen sind. Dennoch gibt es eine ganze Reihe von Verbindungen zwischen den Mestizen ersten Grades; aber die aus diesen Verbindungen hervorgegangenen Individuen haben nicht mehr die gleichen Chancen auf eine Mischheirat wie diejenigen der ersten Generation. Die Zahl der Individuen ersten Grades muss daher von Generation zu Generation rasch abnehmen, und das Ergebnis ist, dass wir, selbst wenn diese Kreuzungen untereinander unendlich fruchtbar wären, nur ausnahmsweise Mulatten finden könnten, die in ihnen geboren wurden eine direkte Linie zur dritten oder vierten Generation, aus der direkten und ausschließlichen Vereinigung von Mestizen ersten Grades.

Moralische oder körperliche Unterlegenheit mancher Mulatten

Um die vorliegende Frage schlüssig zu lösen, ist es notwendig, über mehrere Generationen hinweg eine Population zu untersuchen, die ausschließlich aus Mulatten ersten *Grades besteht* . Diese Erfahrung kann man nie machen. Wir finden tatsächlich in Hayti eine Population, die fast aus farbigen Individuen besteht. Aber diese farbigen Männer sind Mestizen aller Schattierungen, und wenn diese Hybridnation mehrere Generationen lang in vollkommenem Wohlstand existieren würde, wäre die unbegrenzte Verbreitung von Mestizen ersten Grades untereinander dadurch nicht bewiesen.

Es mangelt uns also an einem physiologischen Experiment, das dem entspricht, was die Monogenisten fordern, wenn wir versuchen zu beweisen, dass die Kreuzung zweier Tierarten eugenetisch ist oder nicht, reduziert auf die Eindrücke oder vielmehr die Wertschätzung der Beobachter. Die meisten dieser Einschätzungen können nur annähernd sein und bedürfen einer festen Grundlage. Es ist absolut unbekannt, wie hoch der relative Anteil der Mulatten ersten Grades ist, die untereinander heiraten, und derer, die sich mit anderen Mestizen oder mit Individuen einer reinen Rasse vermischen; Wir können auch nicht wissen, wie hoch der normale Anteil dieser Mulatten in einer gegebenen Population sein sollte, wenn sie *untereinander vollkommen produktiv wären*. Es wird dann sehr schwierig zu sagen, ob die Zahl der Mulatten, die in direkter Linie von Mestizen ersten Grades abstammen, dem normalen Verhältnis entspricht oder darunter liegt; so dass die Tatsache unbemerkt bleiben könnte, wenn sie ihren Eltern in Bezug auf Fruchtbarkeit nur wenig nachstehen. Die relative Sterilität dieser Rassen würde erst dann deutlich werden, wenn sie sich der absoluten Sterilität nähert. Zwischen diesem Grad der Fruchtbarkeit und der vollkommenen Fruchtbarkeit gibt es viele Zwischengrade, die schwer zu erkennen und noch schwieriger zu beweisen sind.

Der erste französische Beobachter, der die Verbreitung von Mulatten geleugnet hat, ist M. Jacquinot, Autor des zoologischen Teils der *Reise zum Südpol und nach Ozeanien*. Wir werden hier einige Passagen aus diesem Werk wiedergeben. Nachdem M. Jacquinot von den Kreuzungen der Tiere gesprochen hat, fährt er mit folgenden Worten fort: [26]

„In der Gattung Mensch ist es genauso. Dort nähern sich die Arten sehr stark an, und gemäß den soeben dargelegten Grundsätzen, „dass die Wahrscheinlichkeit der Fruchtbarkeit umso größer ist, je mehr Arten sich annähern", erfreuen sich die aus der Vermischung hervorgehenden Mestizen eines gewissen Grades an Proliferation, die jedoch wie folgt ausfällt: Tiere, ist nicht absolut. Wie diese kehren sie zur Art der Mutter zurück, indem sie sich mit ihr verbünden; und unabhängig von ihrer relativen Fruchtbarkeit werden durch die Vereinigung der Elternrassen ständig neue Individuen hervorgebracht.

„Als wir in unseren Kolonien beobachteten, dass eine Population von Mulatten ständig produziert und erneuert wird, gab es keinen Zweifel an ihrer Fruchtbarkeit; dennoch ist es sehr begrenzt. Einerseits verschwinden die Mulatten jeden Moment in der einen oder anderen Elternrasse, und wenn ihre Verbindungen ständig untereinander wären, würde es nicht lange dauern, bis sie aussterben würden ...

„In einer Kolonie, das heißt auf einer Insel oder einem Teil eines Kontinents begrenzter Ausdehnung, der einige Jahrhunderte lang von Negern und Weißen bevölkert war, sollte der größte Teil der Bevölkerung aus Mulatten bestehen ...

„Aber es ist nicht so, und wie groß die Zahl der Mulatten in den Kolonien auch sein mag, das Vorherrschen der Neger- und Kaukasierarten ist nicht weniger sicher ... Darüber hinaus ist den Bewohnern der Kolonien eine Tatsache bekannt, dass die Weiße Frauen und Negerinnen sind sehr produktiv, was bei den Mulatressen nicht der Fall ist.

„Wir glauben, die Ersten zu sein, die auf die Sterilität bei menschlichen Kreuzungen hingewiesen haben. Es ist uns nicht gelungen, anhand von Zahlen präzise und positive Beobachtungen zu sammeln; aber wir glauben, dass die Zahlen bald bekannt gegeben werden, da nun die Aufmerksamkeit der Beobachter auf das Thema gelenkt wird.“

Das Bekenntnis, das diesen Abschnitt abschließt, schmälert seine Bedeutung erheblich. Herr Jacquinot, der sich in den verschiedenen von ihm besuchten Ländern nicht lange aufgehalten hatte, konnte nur oberflächliche Beobachtungen zu einer Frage sammeln, die lange und sorgfältige Nachforschungen erfordert. Aber Herr Nott, einer der bedeutendsten Anthropologen Amerikas, war in einer besseren Verfassung, dieses Thema zu studieren.

Er lebte in einem Land, in dem die kaukasischen und äthiopischen Rassen stark gemischt sind, und war durch seinen Beruf als Arzt in der Lage, seine Beobachtungen an einer großen Zahl von Individuen anzustellen, und gelangte zu ähnlichen Schlussfolgerungen wie M. Jacquinot. Sein erster Aufsatz über Hybridität erschien 1842. Es war nur ein kurzer Aufsatz, der wenig Beachtung fand und den wir nicht konsultieren konnten, da sich kein Exemplar davon in der Pariser Bibliothek befand. M. Jacquinot, dessen Werk 1846 erschien, hatte sicherlich keine Kenntnis von diesem Aufsatz, da seine Beobachtungen 1836–40 gemacht worden waren, bevor M. Nott seinen eigenen veröffentlicht hatte. Es geht uns hier jedoch nicht darum, die Frage der Priorität zu diskutieren, sondern wir stellen lediglich die Tatsache fest, dass zwei angesehene, einander unbekannte Beobachter, die dasselbe Thema untersuchten, zu denselben Schlussfolgerungen in Bezug auf die Unfruchtbarkeit von Mulatten gelangten.

In seinem Aufsatz von 1812 vertrat Dr. Nott die folgenden Thesen, die wir einer späteren Veröffentlichung entnehmen. [27]

1. Dass *Mulatten* die kurzlebigsten aller Klassen der Menschheit sind.

2. Dass *Mulatten* in ihrer Intelligenz zwischen Schwarzen und Weißen liegen.

3. Dass sie weniger in der Lage sind, Müdigkeit und Strapazen zu ertragen als Schwarze oder Weiße.

4. Dass die *Mulattinnen* besonders empfindlich und anfällig für eine Vielzahl chronischer Krankheiten sind. Dass sie schlechte Züchter und schlechte Krankenschwestern sind, anfällig für Abtreibungen sind und dass ihre Kinder im Allgemeinen früh sterben.

5. Wenn *Mulatten* sich untereinander verheiraten, sind sie weniger produktiv als wenn sie mit dem Elternstamm gekreuzt werden.

6. Dass, wenn ein *Neger* eine weiße Frau heiratete, die Nachkommenschaft stärker vom Typ Neger abstammte, als wenn die umgekehrte Verbindung Wirkung zeigte.

7. Dass Mulatten, wie Neger, obwohl sie nicht akklimatisiert sind, eine außerordentliche Befreiung von Gelbfieber genießen, wenn sie nach Charleston, Savannah, Mobile oder New Orleans gebracht werden.

Die Sätze 1, 3, 4 und 5 sind die einzigen, die mit unserem Thema zusammenhängen. Sie bestätigen und verstärken in gewisser Hinsicht sogar die Behauptungen von Herrn Jacquinot, werden jedoch bestritten, und Dr. Nott selbst hat es für notwendig erachtet, ihre Anwendung einzuschränken. Er hatte seine Beobachtungen in South Carolina gemacht, wo er feststellte, dass die Mulatten wenig produktiv und kurzlebig waren. Als er seinen Wohnsitz wechselte, kam er zu anderen Ergebnissen. In Mobile, New Orleans, Pensacola und Städten am Golf von Mexiko fand er bei den Mulatten viele Beispiele offensichtlicher Langlebigkeit und Fruchtbarkeit, nicht nur in ihren gekreuzten, sondern auch in ihren direkten Allianzen. Was war die Ursache für diesen Unterschied? Dr. Nott fragte, ob der Unterschied in den Ergebnissen nicht möglicherweise vom Unterschied in den ethnologischen Elementen bei der Kreuzung abhänge. Nicht alle Europäer, die Amerika kolonisierten, gehörten derselben Rasse an. Die Kaukasier werden bekanntlich von Natur aus in zwei Gruppen eingeteilt: – die hellhaarige Rasse mit grauen oder blauen Augen und weißer Haut; und die braunen Rassen mit dunklerem Teint und braunem oder schwarzem Haar. Die ersten besetzen Nordeuropa; das zweite, Südeuropa. Zwischen den Europäern des Südens und den Negern besteht also eine etwas geringere Ungleichheit und eine etwas größere Verwandtschaft als zwischen den Letzteren und den Nordeuropäern, so dass wir, wenn wir hören, dass die Vermischung im ersten Fall besser gelingt als im zweiten Fall, es sollte uns nicht überraschen. Aber South Carolina, wo die Mulatten so gleichgültig miteinander auskommen, wurde von den Angelsachsen kolonisiert; während die Küsten des Golfs von Mexiko, wo die Mulatten wohlhabender sind, von den Franzosen (Louisiana) und den Spaniern (Florida) kolonisiert wurden. Dies ist die Erklärung von Dr. Nott. Während er weiterhin an seinen Schlussfolgerungen zu den Fragen der Negerfrauen und der Männer der germanischen Rasse festhält, ist er der Meinung, dass sie nicht auf die

Mulatten anwendbar sind, deren Eltern einer kaukasischen Rasse mit mehr oder weniger dunkler Hautfarbe angehören. Analoge Unterschiede werden bei Tieren solcher Kreuzungen häufig beobachtet, wenn sie mit mehr oder weniger ähnlichen Arten in Verbindung gebracht werden. Bevor man jedoch Dr. Notts Erklärung akzeptiert, wäre es vielleicht angebracht zu prüfen, ob die Tatsache nicht anders erklärt werden könnte.

South Carolina liegt zwischen dem 32. und 35. nördlichen Breitengrad und liegt jenseits der Zone, in der die afrikanischen Neger leben. New Orleans, Mobile und Pensacola liegen näher an den Tropen, zwischen dem 30. und 31. Breitengrad, und wir finden in Afrika, in der nördlichen Sahara, südlich von Algier, einige Negerstämme, die seit undenklichen Zeiten in diesem Breitengrad leben. Obwohl das Klima nicht vollständig vom Breitengrad abhängt, kann man leicht annehmen, dass sich die Neger an den Küsten des Golfs von Mexiko schneller akklimatisieren als in den nördlicheren Regionen. Es ist jedoch bekannt, dass Menschen, die in ein Klima verpflanzt werden, das sich stark von dem unterscheidet, in dem ihre Rasse gedeiht, aufgrund dieser einfachen Tatsache ihre Fruchtbarkeit erheblich verlieren können. Das ist nicht immer so, aber wenn man bedenkt, dass es tatsächlich vorkommt, haben wir ein Recht zu fragen, ob der von Dr. Nott aufgezeigte Unterschied zwischen den Mulatten von South Carolina und denen der Golfregion nicht auf diese Ursache zurückzuführen ist .

Diese Interpretation steht jedoch im Widerspruch zu zwei Tatsachenordnungen. Einerseits sind die Neger und Negerinnen von South Carolina untereinander vollkommen produktiv. [28] Das Klima dieses Landes hat ihre Zeugungskraft nicht geschwächt, und es gibt keinen Grund, warum durch ihre Bündnisse mit einer in diesem Teil akklimatisierten weißen Rasse ein Nachwuchs entstehen sollte, der weniger akklimatisiert ist als ihre Eltern. Die verminderte Vitalität und Fruchtbarkeit kann daher nicht auf den Einfluss der Medien zurückgeführt werden, in denen sie erzogen werden.

Andererseits scheint ein ähnliches Ergebnis wie das von Nott in Bezug auf South Carolina erwähnte in Jamaika unter dem 18. Grad erzielt worden zu sein, was nahezu der Breite von Senegal und Timbuctoo entspricht. Diese Insel liegt südlich von Kuba, Hayti und Porto Rico, wo Neger und Mulatten gedeihen, aber diese Inseln wurden von den Franzosen und Spaniern kolonisiert, während Jamaika eine englische Kolonie *ist* . [29]

Die Mulatten Jamaikas haben somit denselben ethnologischen Ursprung wie die Mulatten Carolinas; und die folgenden Bemerkungen aus der *Geschichte Jamaikas* von Long bestätigen voll und ganz Notts Meinung. [30]

„Die Mulatten von Jamaika", sagt Long, „sind im Allgemeinen gut proportioniert, und die Mulattenfrauen haben feine Gesichtszüge und scheinen mehr Weiße als Neger im Blut zu haben." Einige von ihnen haben Frauen ihrer eigenen Hautfarbe geheiratet, aber diese Ehen sind im Allgemeinen unfruchtbar. Sie scheinen in dieser Hinsicht bestimmten Maultieren zu ähneln, da sie weniger in der Lage sind, untereinander zu produzieren als mit den Weißen oder Schwarzen. Es mag möglicherweise einige Fälle gegeben haben, in denen die Frau bei der Mischehe zweier Mulatten Kinder geboren hat, die bis zur Reife herangewachsen sind; *aber ich habe noch nie von einem solchen Fall gehört* .

„Die Mulatten Jamaikas, von denen ich spreche, haben jung geheiratet, eine gewisse Bildung genossen und zeichnen sich durch ihr keusches und regelmäßiges Verhalten aus. Die diesbezüglichen Beobachtungen weisen ein hohes Maß an Sicherheit auf. Sie vermehren sich nicht, obwohl nichts darauf hindeutet, dass sie durch eine Mischheirat mit Schwarzen oder Weißen nicht produktiv wären.

„Bei der Suche nach Tatsachen, die dieser Meinung widersprechen, muss der Verdacht verworfen werden, dass die Mulattin mit irgendeinem anderen Mann als ihrem Mulatten-Ehemann Geschlechtsverkehr hatte, und es bleibt immer noch die Frage, ob der Sohn eines Mulatten mit dem verheiratet ist Tochter von zwei anderen Mulatten, ist in der Lage, eine dauerhafte Rasse hervorzubringen und zu bilden."

Eine so schwerwiegende Tatsache durfte nicht unangefochten bleiben. Professor Waitz war darüber sehr verlegen und konnte ihm nur eine Passage entgegenstellen, die einem 1845 von Lewis veröffentlichten Werk „ *On the Negroes in the West Indies*" entnommen war . „Lewis", sagt Waitz (*Anthropologie der Naturvölker*), „leugnet ausdrücklich die Unfruchtbarkeit der Mulatten Jamaikas in ihren Ehen untereinander und stellt fest, dass sie ebenso produktiv sind wie die Schwarzen und Weißen, dies aber zum größten Teil der Fall ist." schlaff und schwach, und ihre Kinder haben wenig Vitalität."

Long sagte, er kenne keinen Fall, in dem die Kinder von Mulatten erwachsen geworden seien. Um diese Behauptung zu widerlegen, hätten bekannte Beispiele herangezogen werden müssen. Aber Lewis versäumt es, dies zu tun. [31] Er sagt im Gegenteil, dass die Kinder aus ähnlichen Ehen wenig Lebenskraft besitzen. Obwohl dieser Ausdruck nicht unbedingt die Unmöglichkeit impliziert, das Erwachsenenalter zu erreichen, deutet er doch zumindest darauf hin, dass die Kinder kaum eine Chance haben, das Erwachsenenalter zu erreichen; und wenn man bedenkt, dass die vorangehende Passage Longs Behauptungen widerlegen sollte, ist es überraschend, wie wenig Professor Waitz zufriedenstellt. Es beweist jedenfalls, dass er kein anderes positives Dokument finden konnte, das der von Long erwähnten Tatsache widersprach.

Dies ist vielleicht kein Grund, die Meinung von Dr. Nott vorbehaltlos zu akzeptieren. Bevor wir ein endgültiges Urteil fällen können, müssen wir weitere zahlreiche, authentische und wissenschaftliche Beobachtungen abwarten. Dennoch muss angemerkt werden, dass die unbestimmte Fruchtbarkeit der Mulatten als Axiom anerkannt wurde, von dem man annahm, dass es keinen Grund für eine Widerlegung gab. Es genügte zu sagen, dass es viele Mulatten gibt, ohne zu untersuchen, ob sie sich selbst erhalten oder durch ständige Vermischung mit den Elternbeständen. Der erste, der genauer nachforschen wollte, wurde durch seine Beobachtungen zu Ergebnissen geführt, die der allgemeinen Meinung widersprachen. Diesen Beobachtungen, die scheinbar eine Garantie für Authentizität darstellen, sollte eine positive Beobachtung gegenübergestellt werden; und es ist erforderlich, dass letztere besonders in Ländern gesammelt werden, in denen sich die *germanische* Rasse mit der Negerrasse Westafrikas vermischt hat. Die Untersuchungen, die in den französischen, spanischen oder portugiesischen Kolonien durchgeführt werden könnten, hätten keine direkte Anwendung.

Darüber hinaus sind die von uns zitierten Autoren bei weitem nicht die einzigen, die die Fruchtbarkeit der Mulatten in Westindien geleugnet haben. Van Amringe und Hamilton Smith behaupten, dass die Mulatten ohne eine Wiedervereinigung mit den Elternbeständen bald aussterben würden. Day sagt, dass Mulatten untereinander selten produktiv sind; und Waitz, der von diesen Zeugnissen etwas erschüttert ist, fügt in einer Notiz hinzu: „Die Sterilität der Mulatten, wenn sie vollständig ist, kann mit der von Wirgman bei Pflanzen erkannten Tatsache verglichen werden, dass die Hybriden der Zwischentypen zwischen den beiden Elternstämmen steril sind.", während diejenigen, die der einen oder anderen Art ähneln, häufig vorkommen."[32] Aus diesen Tatsachen und Zeugenaussagen scheint sich folgendes zu ergeben: 1. Dass die Mulatten der germanischen und äthiopischen Rassen wenig Fruchtbarkeit besitzen: 2. Dass sie in dieser Hinsicht den Mulatten unterlegen sind, die durch den Verkehr von Negerfrauen und -männern geboren wurden, die den mehr oder weniger dunkelhäutigen kaukasischen Rassen angehören.

Mulatten der letztgenannten Art gibt es in großer Zahl im größten Teil der Antillen, in Südamerika, Mittelamerika, Mexiko, Mauritius, Bourbon und Senegal. Alle diese Länder wurden von den Franzosen, Spaniern oder Portugiesen kolonisiert. Die dort geborenen Mulatten sind in ihrer Vermischung mit dem Elternstamm fruchtbar, ebenso wie die Mulatten germanischen Ursprungs; Sie sind auch untereinander produktiv, zumindest in der ersten Generation. Sind sie in ihren direkten Allianzen ebenso produktiv wie in ihren gemischten? Werden ihre Kinder genauso erwachsen wie die anderen? Und schließlich: Sind diese Kinder und ihre Nachkommen produktiv, wenn sie untereinander heiraten? Diese Fragen sind noch unbeantwortet. Sie können nur nach einer langen Reihe von Beobachtungen gelöst werden, die von Männern der Wissenschaft gesammelt wurden; nicht von Reisenden, die die Bevölkerung oberflächlich betrachten, sondern von genauen Beobachtern und hauptsächlich von Ärzten, die in diesen Orten ansässig sind. In der Zwischenzeit finden Sie hier eine weitere Passage aus dem Werk von Prof. Waitz, die er aus Seemann zitiert hat. [33] „Die Mulatten der Neger und Weißen in Panama sind untereinander fruchtbar, aber ihre Kinder werden mit Schwierigkeiten erzogen; während die Familien der reinen Rassen weniger Kinder hervorbringen, die jedoch zur Reife gelangen." Die Europäer Panamas sind spanischer Herkunft. In dieser Passage wird deutlich auf die Fruchtbarkeit der Mulatten ersten Grades hingewiesen, es können jedoch Zweifel an der Fruchtbarkeit ihrer Nachkommen bestehen. Die Vermischung von Negern und Europäern ist nicht die einzige, deren Ergebnisse für den Beobachter Mängel aufweisen. „Die Mulatten", sagt M. Boudin, [34], „sind den beiden Elternstämmen sehr oft unterlegen, sowohl an Vitalität, Intelligenz als auch an Moral." So weisen die Mulatten von Pondicherry, bekannt unter dem Namen Topas, eine Sterblichkeit auf, die nicht nur beträchtlicher ist als die der Inder, sondern auch größer als die der Europäer, obwohl die letzteren in Indien beträchtlich kürzer leben als in Europa. Positive Dokumente zu diesem Punkt wurden in der *Revue Coloniale* *veröffentlicht*. Soviel zur Vitalität.

„Auf Java sind die Mulatten der Holländer und Malaien so wenig intelligent, dass sie nie als Beamte eingesetzt werden könnten. In diesem Punkt sind sich alle niederländischen Historiker einig. So viel zu ihrer Intelligenz.

Malaiische und gemischte Rassen

in Peru und Nicaragua unter dem Namen *Zambos bekannt, bilden die schlimmste Klasse der Bürger*. Sie machen vier Fünftel der Gefängnisinsassen aus. Diese bereits von Tschudi[35] erwähnte Tatsache wurde kürzlich von Squier bestätigt. So viel zur Moral.

„Es gibt jedoch bestimmte körperliche Eigenschaften, die durch die Vermischung von Rassen erworben werden können. Das sind pathologische Immunitäten. Die Mulatten der Westindischen Inseln sind wie die Neger vom Gelbfieber verschont."

Die Fruchtbarkeit der Mulatten wird in dieser Passage nicht berührt, da sie nicht Gegenstand einer Diskussion war. Die Frage war lediglich, ob die vorherrschende Meinung, dass die Vermischung körperlich, intellektuell und moralisch verbesserter Rassen mit gut beobachteten Tatsachen übereinstimmte. Daher beschränkte M. Boudin seine Beobachtungen auf die begrenzte Intelligenz der Mulatten, die aus der Vereinigung der Holländer von Java mit den malaiischen Frauen hervorgegangen waren. Aber in seinem *Treatise on Medical Geography* , [36] äußert er in Bezug auf die Mulatten die Meinung, dass sie nicht über die dritte Generation hinaus produktiv seien. Diese von Dr. Yvan verkündete Tatsache, die durch andere Zeugenaussagen bestätigt wird, wurde nicht bestritten. Waitz entlehnt von Graf Görtz einige nicht uninteressante Einzelheiten.

„Die Lipplappen", sagt er (das ist der Name der Mulatten von Java), „vermehren sich nicht über die dritte Generation hinaus." Sie sind schlaff und schwach und entwickeln sich bis zum fünfzehnten Jahr, dann kommt die Entwicklung zum Stillstand. In der dritten Generation werden nur Mädchen geboren, die unfruchtbar sind. [37] Diese Phase der Sterilität ist sehr merkwürdig und verdient durchaus die Aufmerksamkeit von Physiologen."

Es ist jedoch zu untersuchen, ob die Unfruchtbarkeit der Lipplappen auf der Vermischung oder auf anderen Ursachen beruht. Das Klima auf den Inseln der Sundastraße ist für die Europäer sehr schädlich. Die Niederländer setzen ihren Wettlauf in Batavia nicht fort; und selbst ohne Mischehe mit den Eingeborenen werden sie manchmal in der zweiten Generation unfruchtbar. [38] Die Unfruchtbarkeit der Eingeborenen kann also auf das Klima zurückgeführt werden. Diese Ergebnisse aus einer mündlichen Mitteilung von Dr. Yvan an M. de Quatrefages beweisen außerdem, dass in anderen niederländischen Kolonien des Großen Indischen Archipels die Mulatten häufig vorkommen. [39] Damit ist nicht bewiesen, dass die Unfruchtbarkeit der Lipplappen das Ergebnis ihrer Hybridität ist.

Um den Unterschied in den Ergebnissen zu erklären, der durch die Vermischung der Holländer und Malaien auf Java und anderen niederländischen Kolonien hervorgerufen wurde, nimmt M. de Quatrefages an, dass dieser Unterschied auf den Einfluss der Medien zurückzuführen sei. Das ist möglich; Aber es gibt noch andere Einflüsse, die berücksichtigt werden müssen, nämlich das zahlenmäßige Verhältnis der beiden Rassen, die untereinander heiraten. Wo es nur wenige Europäer gibt, gibt es auch sehr wenige Mulatten ersten Grades; Diejenigen, die untereinander heiraten, sind noch weniger zahlreich, und die übrigen verbünden sich mit dem Elternstamm, hauptsächlich mit der einheimischen Rasse, die vorherrscht. Wo im Gegenteil die europäische Bevölkerung beträchtlich ist, sind die Mulatten ersten Grades zahlreich genug, um eine Art Zwischenkaste zu bilden, die, ohne einer Rückkreuzung völlig zu entgehen, fast alle ihre Bündnisse mit ihresgleichen eingeht. [40] Im ersten Fall ähneln die meisten Mischlingsmenschen eher der einheimischen Rasse als der fremden; das heißt, dass die Mulatten zweiten, dritten Grades usw. viel zahlreicher sind als die Mulatten ersten Grades. Aber in dem Maße, in dem eine erneute

Kreuzung erfolgt, nimmt der Einfluss der Hybridität ab und verschwindet. Im zweiten Fall hingegen sind die meisten Mulatten ersten Grades [41] und viel mehr als die übrigen dem Einfluss der Hybridität unterworfen; und wenn es wahr ist, dass Hybridität eine Verringerung der Fruchtbarkeit verursacht, ist es leicht zu verstehen, dass die Fruchtbarkeit je nach dem relativen Verhältnis der beiden Rassen variieren muss. Heute ist Batavia das große Zentrum der Bevölkerung des Indischen Archipels; dort sind die Europäer am zahlreichsten; dort bilden die Lipplappen hauptsächlich eine eigene Klasse, und genau dort zeigt sich ihre mangelhafte Fruchtbarkeit. Ich behaupte nicht, dass diese Interpretation vollkommen richtig ist; Ich behaupte es lediglich als eine zu überprüfende Hypothese. Hier haben wir jedoch eine Tatsache, die seinen Wert steigern könnte. Ich entleihe es der Arbeit von Prof. Waitz. Es ist bekannt, dass eine große Anzahl von Chinesen auf den östlichen und westlichen Inseln des Indischen Archipels lebt . Relativ weniger zahlreich sind sie auf Java und Sumatra, wo ihr Handel der Konkurrenz mit den Niederländern nicht standhalten kann. „Die Nachkommen der chinesischen und malaiischen Frauen auf den östlichen Inseln des Indischen Archipels", sagt Waitz, „starben bald aus; während auf Java, *wo es nur wenige reine Chinesen gibt* . Die Zahl der malaiisch-chinesischen Mulatten beträgt 200.000." [42]

Wenn die mangelhafte Fruchtbarkeit der Lipplappen von Java auf den schädlichen Einfluss des Klimas zurückzuführen ist, ist es sehr schwierig, die große Fruchtbarkeit der Malaiisch-Chinesen auf die Güte des gleichen Klimas zurückzuführen. Darüber hinaus sind die östlicheren Inseln, auf denen die letztgenannten Mulatten nicht gedeihen, ungesünder als Java. Aus den von Waitz zitierten Tatsachen scheint sich daher zu ergeben, dass die malaysischen Chinesen dort gedeihen, wo es nur wenige Chinesen gibt, und dass sie dort verfallen, wo es viele Chinesen gibt; das heißt, dass die Fruchtbarkeit der Hybridpopulation in dem Maße zunimmt, wie günstige Bedingungen für eine Rückkreuzung mit der malaiischen Rasse vorliegen. Dies läuft auf dasselbe hinaus, nämlich dass die Mulatten des zweiten, dritten und vierten Grades fruchtbarer sind als die des ersten, was sicherlich mit den Gesetzen der Hybridität unter den Tieren übereinstimmt. Diese Fakten müssen jedoch überprüft und vervollständigt werden, bevor sie als Grundlage für eine endgültige Schlussfolgerung dienen können. [43]

Diese Beispiele der Mulatten Malasias, die wir mit Vorbehalt akzeptieren, zeigen tendenziell, dass die Ergebnisse der Vermischung nicht ausschließlich vom Grad der Rassennähe abhängen; denn zwischen den Chinesen und den Malaysiern und zwischen den Malaysiern und den Holländern besteht sicherlich eine geringere zoologische Distanz als zwischen den afrikanischen Negern und den Südeuropäern. Doch die Mulatten der französischen, portugiesischen und spanischen Kolonien scheinen über eine weitaus größere Produktivität zu verfügen als die niederländischen oder chinesischen

Mulatten Malasias. Es ist außerdem bekannt, dass in Mexiko und Südamerika die Vereinigung der einheimischen Bevölkerung zwischen Portugiesen und Spaniern an vielen Orten Mulatten hervorgebracht hat, deren Rasse sich zu verewigen scheint. [44]

Bei der Untersuchung der Hybridität bei Tieren haben wir festgestellt, dass die Homogenese nicht immer genau proportional zum Grad der Nähe der Arten ist; Wir möchten besonders darauf hinweisen, dass die *Chabeins* oder Hybriden aus Ziege und Schaf den Maultieren aus Esel und Stute überlegen sind, obwohl zwischen Ziegen und Schafen ein größerer Unterschied besteht als zwischen Pferd und Esel. [45] Es ist nicht weniger wahr, dass im Allgemeinen, wenn auch mit einigen Ausnahmen, die Ergebnisse der Vermischung umso fehlerhafter sind, je weiter die Arten voneinander entfernt sind. Dies führt uns dazu, die menschliche Hybridität in solchen Regionen zu untersuchen, in denen die höchsten Rassen mit den niedrigsten Rassen in Kontakt gekommen sind. Welche beiden Rassen bilden die Extreme der menschlichen Spezies? Mehrere englische Autoren sind davon überzeugt, dass die angelsächsische bzw. germanische Rasse, zu der sie gehören, die erste Rasse der Menschheit ist. M. Alex. Harvey ist sogar erfreut zu glauben, dass die Vorsehung es geschaffen hat, um über alle anderen zu herrschen. [46] Patriotismus ist eine Tugend, die Anspruch auf unsere Wertschätzung hat. Wir werden daher nicht versuchen, die Zufriedenheit unserer Verbündeten auf der anderen Seite der Meerenge zu schmälern, und wir werden auf jeden Fall anerkennen, dass die Rasse, die einen Leibnitz und einen Newton hervorgebracht hat, keinem unterlegen ist.

Relative Sterilität der Kreuzungen zwischen Europäern und Australiern oder Tasmaniern

Am äußersten Ende der Welt und fast an den Antipoden Großbritanniens stehen die Engländer seit mehr als einem halben Jahrhundert in Kontakt mit den melanesischen Rassen, insbesondere mit den Australiern und Tasmaniern. Der relative Grad der Unterlegenheit zwischen diesen letztgenannten Rassen, die sich in ihrem physischen Charakter deutlich unterscheiden, kann zur Diskussion stehen. [47] Es wird jedoch allgemein anerkannt, dass sie allen anderen Rassen, die in ständigem Kontakt mit Europäern standen, zumindest unterlegen sind. Die Rasse der Hottentotten, die lange Zeit als die unterste Rasse angesehen wurde, ist ihnen offensichtlich überlegen. Die Hottentotten haben, obwohl sie sich der Bildung widersetzen, zumindest ein gewisses Maß an Verbesserungsfähigkeit gezeigt, während die Australier absolut unverbesserliche Wilde zu sein scheinen. Die Engländer haben die beharrlichsten Versuche unternommen, sie zu belehren, aber ohne

Erfolg. Da sie bei der erwachsenen Bevölkerung keinen Erfolg hatten, versuchten sie es mit Kindern im zarten Alter und erzogen sie zusammen mit europäischen Kindern in Waisenhäusern; Sie haben dort gelernt, einige Gebete zu murmeln und sogar zu lesen und zu schreiben; Doch als die Pubertät näher rückte, erlagen die jungen Schüler ihren wilden Instinkten und flüchteten in den Wald, um wieder bei ihren Eltern zu leben, die sie nie gekannt hatten. Einst wurden junge Australier nach England gebracht und den mährischen Brüdern anvertraut, die keine Sorge versäumten, sie zu verbessern. „Sie sind genauso brutal zurückgekehrt wie zuvor", sagt M. Garnat; „Ein Besitzer einer Farm im Landesinneren versicherte mir, dass es ihm niemals gelingen würde, sie für die einfachste landwirtschaftliche Arbeit zu beschäftigen." [48]

Was wir über die Tasmanier wissen, erlaubt uns kaum, sie den Australiern überlegen zu betrachten. Allerdings muss man zugeben, dass den unglücklichen Inselbewohnern von Van Diemens Land nicht so viel Aufmerksamkeit geschenkt wurde wie den Australiern. Die in dieser Hinsicht so humanen und geduldigen Engländer haben an der tasmanischen Rasse und im 19. Jahrhundert abscheuliche Gräueltaten begangen, die hundertmal weniger entschuldbar sind als die bis dahin beispiellosen Verbrechen, derer sich die Spanier im 15. Jahrhundert schuldig gemacht haben Antillen.

Diese Gräueltaten endeten mit einer regelrechten Vernichtung, [die], wie die Optimisten sagen, auf die absolute Ungeselligkeit der Tasmanier zurückzuführen sei. [50] Dies ist unserer Meinung nach kein mildernder Umstand, aber aus all diesen Tatsachen ergibt sich offensichtlich, dass von allen Menschen die Tasmanier mit den Australiern am nächsten an der brutalen Situation sind bzw. waren.

Die Untersuchung der Ergebnisse, die sich aus der Vermischung von Angelsachsen mit diesen minderwertigen Rassen ergeben, könnte uns eine Vorstellung davon geben, was die Kreuzung zwischen den beiden unterschiedlichsten Zweigen der Menschheitsfamilie bewirken könnte.

M. Omalius d'Halloy, Präsident des belgischen Senats, ein ehrwürdiger Gelehrter, der sowohl für seine geologischen als auch für seine anthropologischen Arbeiten bekannt ist, schließt das siebte Kapitel seiner Abhandlung über die Rassen der Menschheit mit folgenden Worten ab: „Es ist jedoch bemerkenswert , dass Eine beträchtliche Anzahl von Europäern lebt heute in denselben Ländern wie die Andamenen. Die Existenz von Hybriden, die sich aus ihrer Vereinigung ergeben, wird nicht erwähnt." [51] Unter dem Namen Andamenes umfasst d'Halloy die Australier, Tasmanier und alle Schwarzen mit wolligem Haar Melanesiens und Malasiens.

Aus dieser Passage lässt sich also schließen, dass die in diesen Ländern ansässigen Europäer entweder keine Verbindung zu den einheimischen schwarzen Frauen haben, was unzulässig erscheint, wie wir gleich zeigen werden, oder dass die Vermischung der beiden Rassen vollkommen unfruchtbar ist. Diese letzte Behauptung ist jedoch nicht ganz richtig. Es ist wahr, dass der größte Teil der Reisenden Hybriden Melanesiens überhaupt nicht erwähnt; Es ist ebenso wahr, dass sie sehr selten sind, aber dennoch gibt es einige. So haben Quoy und Gaymard *eine* Hybride aus einer Europäerin und einer Tasmanierin gesehen . [52] Herr Gliddon, der die Quelle, aus der er seine Informationen bezieht, leider nicht angibt, gibt bekannt, dass bis zum Jahr 1835, als die Tasmanier ausgerottet wurden, in ganz Tasmanien nur zwei erwachsene Mulatten bekannt waren. [53] Dies deutet darauf hin, dass entweder nur wenige geboren wurden oder dass sie früh starben, denn die Kolonie, die 1803 von einer zunächst fast *ausschließlich männlichen Bevölkerung gegründet wurde* , war in wenigen Jahren durch die Ankunft von Sträflingen und Freien erheblich gewachsen Siedler, fast alle Männer. Nachdem Herr Jacquinot verkündet hatte, dass es in Australien keine Hybriden gebe, fügt er hinzu: „In Hobart Town und in ganz Tasmanien gibt es auch keine Hybriden." [54] Unseres Wissens hat kein anderer Autor tasmanische Hybriden erwähnt.

Die Vermischung der Engländerinnen mit den einheimischen Frauen Australiens war nicht produktiver. „Es werden kaum", sagt Jacquinot, „Mulatten von Australiern und Engländern erwähnt." Dieses Fehlen von Mulatten zwischen zwei Völkern, die in Kontakt auf demselben Boden leben, beweist unbestreitbar den Unterschied der Arten. Es ist auch zu bemerken, dass solche Kreuzungen, wenn sie tatsächlich existierten, leicht zu erkennen wären. [55] Herr Lesson, der etwa zwei Monate in Sydney und Umgebung lebte und mehrere Ausflüge zu den Eingeborenen unternahm, erwähnt nur eine Kreuzung, den Nachwuchs eines weißen Mannes und der Frau eines Häuptlings namens Bongari. [56] Cunningham, ein großer Verteidiger der australischen Rasse – die ihn übrigens tötete und angeblich sogar verspeiste – hat zwei Bände über New South Wales geschrieben, in denen weder direkt noch indirekt etwas darüber erwähnt wird mehr als einen einzigen Mulatten, und es kommt vor, dass dieser einzelne Mulatte genau derselbe ist, von dem Mr. Lesson spricht. [57] Kein Statistikautor und kein Historiker zählt Kreuzungen in der australischen Bevölkerung auf. Doch nirgendwo sind die Klassen der Gesellschaft zahlreicher und unterschiedlicher. Die Beamten, die in Europa geborenen Kolonisten, die in Australien geborenen Kolonisten, die Sträflinge, die Emanzipierten, die Nachkommen von Sträflingen usw.; Sie bilden ebenso viele Klassen, die einander neidisch und verachtend sind, ihre jeweiligen Privilegien bestreiten und sich gegenseitig mehr oder weniger malerische Spitznamen geben. Es gibt Pfund Sterling, Währungen, [58] die legitimen, die illegitimen, [59] die reinen Merinos, die Sträflinge, die Betitelten, die Unbetitelten, die Kanarienvögel, die Regierungsmänner, die Bushranger, die Emanzipisten, [60] und einige andere Klassen von Einwanderern oder

Sträflingen. In diesem reichen Wortschatz gibt es kein einziges Wort zur Bezeichnung der Mulatten. Doch in allen Ländern, in denen sich Rassen verschiedener Farben vermischen, enthält die Landessprache immer unterschiedliche Bezeichnungen für Mulatten verschiedener Schattierungen. In Australien gibt es nichts dergleichen. Es gibt sogar eine Klasse weißer Männer, die *Legitimierten* , die auch den Namen *Mischlinge tragen* . [61] Überall sonst würde dieses Wort Mulatten bezeichnen, in Australien bedeutet es europäische Sträflinge, da man es für unmöglich hält, dass die seltene Vermischung der beiden Rassen jemals Teil der Bevölkerung werden könnte.

Allerdings fällt uns nicht nur in New South Wales der Mangel an Kreuzungen zwischen Europäern und Australiern auf; Herr McGillivray erwähnt eine ähnliche Tatsache in Bezug auf den Hafen von Essingen, einer englischen Kolonie in Nordaustralien. [62]

Wir können daher als gesicherte Tatsache annehmen, dass Kreuzungen zwischen Europäern und einheimischen Frauen in Australien sehr selten sind, ebenso wie in Tasmanien, als die tasmanische Rasse existierte.

Diese Tatsache widerspricht der allgemeinen Meinung über die Vermischung menschlicher Rassen so sehr, dass wir, bevor wir sie auf physiologische Ursachen zurückführen, fragen müssen, ob sie nicht auf andere Ursachen zurückzuführen ist.

Wir könnten zum Beispiel versucht sein anzunehmen, dass es keine Vermischung gab und dass die Hässlichkeit und die schmutzigen Gewohnheiten der einheimischen Frauen das sexuelle Verlangen der Europäer zügelten. Dies wurde nicht von Reisenden vertreten, die genau das Gegenteil behauptet haben, sondern von ehrlichen und vernünftigen Denkern, deren raffinierter Geschmack sich über den Anblick der Porträts und Büsten der australischen Frauen empörte. Es wäre eine ernste Tatsache, dass eine ganze Rasse eine so unwiderstehliche Abneigung gegen eine andere empfinden sollte, denn die Natur hat nur Wesen verschiedener Arten mit einem solchen Gefühl der Abneigung erfüllt, und der Mensch ist sicherlich von allen Tieren das am wenigsten exklusive. Gibt es in unseren Seehäfen eine Prostituierte, die so hässlich und alt ist, dass sie den Seemann erschreckt? Ist es nicht bekannt, dass sich die Hottentotten, deren Hässlichkeit sprichwörtlich ist, mit den Europäern Südafrikas vermischt haben? Dann müssen wir eine solche Annahme beiseite legen, die nicht auf einer korrekten Kenntnis der menschlichen Natur beruht. Darüber hinaus gibt es einige Dokumente, die uns zu der Annahme veranlassen, dass sich die Europäer Australiens und des Van-Diemen-Landes mit den einheimischen Frauen vermischt haben.

Laut Malte-Brun belief sich die Bevölkerung der Kolonie Sydney im Jahr 1821 auf 37.068 Individuen, also verteilt. [63]

Freie Siedler oder befreite Sträflinge, Männer 12.608

„ Siedler " befreien oder befreien   Frauen   3.422

„ Siedler " befreien oder befreien   Kinder   7.224

Sträflinge beiderlei Geschlechts   13.814

——————

37.068

So gab es unter den freien Erwachsenen nur siebenundzwanzig Frauen auf hundert Männer, das heißt, dass dreiundsiebzig Männer auf hundert völlig an der Heirat gehindert waren.

Der relative Anteil der Sträflinge beiderlei Geschlechts wird in der obigen Darstellung nicht angegeben, aber es ist bekannt, dass ursprünglich die männlichen Sträflinge die große Mehrheit bildeten und dass es danach immer weit weniger Frauen als Männer gab.

Im Jahr 1825 betrug die Einwohnerzahl fast 50.000; Aber ab dieser Zeit wurden die Sträflinge größtenteils in das Van-Diemen-Land geschickt, und die weiße Bevölkerung Australiens nahm rapide ab, da sie keine regelmäßige Verstärkung erhielt. Im Jahr 1836 gab es von allen Klassen nur 36.598.

Frei   Männer 13.456
                              } 20.930
Fr "   Frauen   7.474

Verurteilte Männer 14.135
                              } 15.668
Con "   Frauen   1.513

——————

36.598

So gab es unter den Sträflingen nur eine Frau auf neun Männer und in der freien Bevölkerung eine Frau auf zwei Männer. [65]

Daraus lässt sich die geringe Zunahme der Bevölkerung während der ersten Perioden der Kolonie und der beträchtliche Rückgang erklären, der der Zeit von 1825 bis 1830 entspricht. Im Jahr 1845, so Henricq, hatte New South Wales seit seiner Gründung bereits 66 Einwohner erhalten 90.000 Sträflinge beiderlei Geschlechts, darüber hinaus eine unbekannte, aber beträchtliche Zahl freiwilliger Auswanderer, die Gesamtbevölkerung bestand jedoch nur aus 85.000 Personen. Zur gleichen Zeit gab es in der freien Klasse nur drei Frauen auf fünf Männer und unter den Sträflingen eine Frau auf zwölf Männer. In der Kolonie Hobart Town in Tasmanien war das Missverhältnis etwas geringer, denn dort gab es fünf freie Frauen gegenüber sieben Männern und eine weibliche Sträfling gegenüber zwölf Männern.

Es ist schwer zu glauben, dass die freien Männer ohne Frauen alle mit der Tugend der Enthaltsamkeit ausgestattet waren. Aber wenn wir dies für einen Moment zugeben, können wir in Bezug auf die Sträflinge nicht die gleiche Meinung vertreten, da diese sicherlich nicht aus den tugendhaftesten Klassen Großbritanniens ausgewählt werden. Es muss beachtet werden, dass es sich bei den weiblichen Sträflingen nicht um öffentliche Frauen in der Kolonie handelt. Die Regierung gewährt Verurteilten, die rechtmäßige Ehen eingehen, bestimmte Vorteile; Dies ist der erste Schritt zu ihrer Befreiung, und wenn ein Schiff mit einer Ladung Frauen ankommt, werden sie von den Sträflingen bereitwillig unterstützt. Neun Zehntel der letzteren haben daher keinerlei weiße Frauen. Andererseits besorgen sie *Gins* (so heißen die australischen Weibchen) mit größter Leichtigkeit, und obwohl nicht bekannt ist, dass viele von ihnen mit den Weibchen zusammenleben, kann dies leicht erraten und bestätigt werden. „Die Frauen der Bevölkerung von Port Jackson", sagt Lesson, „halten Ausschau nach den weißen Männern, erregen sie und prostituieren sich für *ein Glas Brandy* ." [67]

Nachdem Cunningham festgestellt hat, dass diese Stämme hauptsächlich von den Produkten der Jagd leben und in die Stadt kommen, um ihre Fische gegen Angelhaken, Brot oder Rum einzutauschen, fügt er hinzu, dass dieser Handel Szenen der Ausschweifung und der Prostitution einheimischer Frauen hervorruft mit den Weißen hatte beträchtliche Ausmaße angenommen, „wenn man bedenkt, dass die Australier ihre Frauen den Sträflingen für eine Scheibe Brot oder eine Pfeife Tabak leihen." [68] Es ist sinnlos, andere Zeugenaussagen zu zitieren, nachdem sich der Hauptverteidiger der australischen Rasse so geäußert hat.

Es ist daher völlig sicher, dass zahlreiche Allianzen zwischen den Europäern und den einheimischen Frauen stattgefunden haben und stattfinden. Die Bewohner der Kolonie, die sich dessen bewusst sein mussten, griffen auf eine einzigartige Hypothese zurück, die von Cunningham und kürzlich von Waitz akzeptiert wurde. Sie haben sich vorgestellt, dass die australischen Ehemänner, von Eifersucht erregt, alle neugeborenen Mischlingskinder töteten; und auf diese hypothetischen Massaker (für die es keinerlei Beweise gibt) führen sie die Seltenheit von Kreuzungen zurück. Damit diese Geschichte eine gewisse Wahrscheinlichkeit erlangt, ist es zunächst erforderlich, dass alle australischen Frauen unter der Herrschaft eifersüchtiger und wilder Ehemänner stehen und dass keine der Frauen den mütterlichen Instinkt ausreichend entwickelt hat, um ihr Kind vor der Wut dieser Ehemänner zu retten ihr Ehemann. Indem Cunningham diese Erklärung akzeptiert, vergisst er, dass er auf derselben Seite erzählt, dass die Australier ihre *Gins* dem Erstankömmling für eine Pfeife Tabak prostituieren

. Solche Wesen würden sich durch die Geburt des fremden Kindes nicht sehr entehrt fühlen. Aber hier ist ein Beispiel, das beweist, dass es den Australiern nicht ganz an Humor mangelt; Dies zeigt zumindest, dass sie keine Ahnung von ehelicher Ehre haben. Bongarri, von dem wir bereits gesprochen haben und der im Jahr 1825 der berühmteste Anführer der australischen Horden von Port Jackson war, behandelte die Nachkommen des ehebrecherischen Verkehrs seines Gins mit einem Sträfling des Ortes wie seinen *Sohn* . Als er gefragt wurde, wie es dazu kommen konnte, dass sein Sohn eine so helle Gesichtsfarbe hatte, antwortete er scherzhaft: „Dass seine Frau sehr gern Weißbrot hatte und zu viel davon gegessen hatte." Den Fragestellern antwortete er stets mit der gleichen Antwort. [69] Wenn ein mit ehrenvollen Narben bedeckter Kriegerhäuptling [70] so wenig Wert auf die Treue seiner Frau legt und Witze über seine Schande macht, ist es kaum zulässig, dass die Männer seines Stammes in dieser Hinsicht anfälliger sein sollten. Doch genau dieser Häuptling hielt es laut Cunningham71 für ganz natürlich, dass nach australischem Brauch der schwächste von zwei neugeborenen Zwillingen getötet werden sollte.

Dieser Brauch wurde angeführt, um zu zeigen, dass die australischen Frauen dem Leben ihrer Kinder keine Bedeutung beimessen und dass sie dem Massaker an den neugeborenen Mulatten folglich keinen Widerstand leisten würden. Eine Rasse von Lebewesen, in der die Weibchen ihre Jungen nicht lieben, wäre kaum eine menschliche Rasse. Der Brauch, nur einen Zwilling zu behalten und den anderen am Tag seiner Geburt zu opfern, scheint unwahrscheinlich und unerklärlich; Aber wenn man die Hungersnot der Australier, die Ungewissheit und Unzulänglichkeit ihrer Ernährung, den absoluten Mangel an sozialer Organisation und die materiellen Schwierigkeiten, die mit der Erziehung nur eines Kindes einhergehen, berücksichtigt, kann man sich vorstellen, dass die Mutter, unfähig, Vielleicht gibt sie sich, nachdem sie ein Kind gestillt hat, damit ab, ein Kind zu opfern, um das andere zu retten. Es gibt daher keine absolute Parallele zwischen dem Brauch in Bezug auf Zwillinge und dem angeblichen Massaker an Kreuzungen. Wenn man immer noch annimmt, dass die Eingeborenen der Umgebung von Sydney, pervertiert durch ihren Verkehr mit Sträflingen und erbittert durch ihre Gewalttätigkeit, diese abscheuliche Gewohnheit angenommen haben, sollten wir selbst dann nur zugeben, dass eine solche Erniedrigung in ihrer Anwendung nur örtlicher Natur ist. Bestimmte Abscheulichkeiten verbreiten sich von Ort zu Ort und werden von Mensch zu Mensch übertragen; aber ein Gebrauch, der dem natürlichen Instinkt so widerspricht, kommt nicht gleichzeitig und unter derselben Form in verschiedenen Teilen eines Landes vor. Die Australier von Sydney haben jedoch weder die Möglichkeit, ihre Bräuche an die Eingeborenen von Tasmanien noch von Port Essington in Nordaustralien weiterzugeben . Dr. Waitz nimmt an, dass die Eingeborenen sogar siebenhundert Meilen von

Sydney entfernt alle jungen Mulatten opfern. Diese Annahme ist ziemlich gefährlich, zumal der von ihm zitierte Reisende lediglich sagt, dass diese Mulatten offenbar nicht entwicklungsfähig seien. [72]

Aus dieser vielleicht zu langen Diskussion schließen wir, dass der Mord an den australischen Mulatten eine vulgäre Geschichte ist. Wenn man zugibt, dass solche Morde gelegentlich oder sogar häufig vorkommen, dürfte es in Australien selbst dann viele Mulatten geben, vorausgesetzt, dass die Vermischung sehr häufig ist. Wir können in der obigen seltsamen Erklärung nur eine Bestätigung finden, und zwar eine sehr starke, für die Tatsache, die wir festgestellt haben, nämlich dass die Kreuzungen in Australien selten sind. Wenn diese Tatsache nicht vollkommen offensichtlich gewesen wäre, hätte es keinen Anlass gegeben, sie zu erklären, und Mr. Cunningham, der so große Anstrengungen unternommen hat, um die Eingeborenen wieder einzusetzen, hätte ihnen keine so schreckliche Anschuldigung vorgeworfen.

Wir haben die Liste der aufgestellten Hypothesen zur Erklärung der nahezu ständigen Sterilität, die den Verkehr zwischen Australiern, Tasmaniern und Engländern begleitet, noch nicht erschöpft. Es wurde auch gesagt, dass der Verkehr zwischen den beiden Rassen größtenteils zufällig und vorübergehend war und dass die einheimische Frau daher eine viel größere Chance hat, von ihrem wilden Ehemann schwanger zu werden als von ihren europäischen Liebhabern, und dass dies eine Seltenheit ist Australische Mulatten hatten keinen anderen Grund. Herr de Freycinet scheint diese Erklärung akzeptiert zu haben. „ Zwischen den beiden Völkern werden keine *dauerhaften Bündnisse geschlossen, obwohl wir hier und da einige Mulatten finden;* aber diese sind lediglich das Ergebnis einiger vorübergehender Verbindungen zwischen Europäern und australischen Frauen." [73]

Beobachtungen des Grafen Strzelecki; Diskussion

Wir würden zunächst bemerken, dass die Zahl der Mischlinge in vielen Ländern viel größer ist, wenn die Vermischung auf die gleiche Weise erfolgt, wie dies insbesondere in Südafrika der Fall ist. Kreuzungen gibt es auf mehreren polynesischen Inseln, auf denen sich die Europäer nie dauerhaft niedergelassen haben, sondern nur vorübergehend auftraten. Daher sollte es in den australischen Kolonien eine beträchtliche Anzahl von ihnen geben, auch wenn es wahr wäre, dass die Weißen nie ein dauerhaftes Bündnis mit den einheimischen Frauen geschlossen haben. Es kann jedoch nicht bezweifelt werden, dass zwischen den beiden Rassen mehr oder weniger dauerhafte Allianzen entstanden sind, nämlich dass viele Weiße über Monate und Jahre hinweg australische Konkubinen unter ihrem Dach gehalten haben. [74] Diese Tatsache ergibt sich positiv aus der von Graf Strzelecki angesprochenen Kontroverse. Dieser berühmte Reisende, der Amerika und Ozeanien besucht hat, bemerkte, dass die einheimischen Frauen, nachdem sie einst mit der weißen Rasse gelebt hatten, mit den Männern ihrer eigenen Rasse unfruchtbar werden, obwohl sie möglicherweise immer noch in der Lage sind, von weißen Männern schwanger zu werden. Er behauptet, Hunderte solcher Fälle bei den Huronen, Seminolen, Araucaños, Polynesiern und Melanesiern gesammelt zu haben. Er versucht nicht, dieses seltsame Phänomen zu erklären, das, wie er feststellt, auf einem mysteriösen Gesetz beruht und das seiner Meinung nach eine der Ursachen für den raschen Verfall der indigenen Bevölkerung in den von Europäern besetzten Gebieten zu sein scheint. [75]

Herr Alex. Harvey sagt, dass die Professoren Goodsir, Maunsel und Carmichael aus verschiedenen Quellen festgestellt haben, dass die Behauptung des Grafen Strzelecki *unbestreitbar ist* und als Ausdruck eines Naturgesetzes betrachtet werden muss. [76]

M. de Strzelecki hat nicht angegeben, dass die Sterilisation der einheimischen Weibchen die Folge der Fortpflanzung von Kreuzungen war. Er spricht lediglich von sexuellen Beziehungen im Allgemeinen; und aus dem Text geht offenbar hervor, dass eine einheimische Frau, die einige Zeit mit einem Europäer zusammengelebt hat, im Verkehr mit Männern ihrer eigenen Rasse unfruchtbar wird, selbst wenn sie kein Kind geboren hat.

Es wurde jedoch angenommen, dass dieser Beobachter nur von solchen Frauen spricht, die mindestens einmal von einer Europäerin geschwängert wurden, und in dieser Form wurde die Frage von Physiologen untersucht. Es wurde die Frage gestellt, wie die Schwangerschaft des Fötus einer Mulattin die Konstitution der Mutter so verändern könnte, dass sie unfruchtbar gegenüber den Männern ihrer eigenen Rasse wird. und Herr Alex. Harvey, [77] , hat bei der Entwicklung einer Theorie von Mr. McGillivray angenommen, dass der Embryo, während er sich in der Gebärmutter befand, die Mutter durch irgendeine Art von Impfung organischen oder dynamischen Veränderungen unterzog, deren Elemente vom Embryo auf den Embryo übertragen wurden Vater, und die Mutter würde dann den Abdruck dauerhaft behalten. Zur Untermauerung dieser Hypothese erinnert uns der Autor daran, dass bestimmte Krankheiten, wie die alte und nicht ansteckende Syphilis, durch Vermittlung des Fötus auf die Mutter übertragen werden können. Er beobachtet weiterhin, dass bei Pferden, Ochsen, Schafen und Hunden ein Weibchen, das zum ersten Mal von einem Männchen befruchtet wird, lange Zeit eine gewisse Neigung bewahren kann, mit einem anderen männlichen Jungen, der dem ersten ähnelt, zu zeugen, ein Phänomen, das wohlbekannt ist an Züchter. Er bemerkt schließlich, dass eine Stute, die ein Maultier zur Welt gebracht hat, später von Pferden mit größeren Schwierigkeiten schwanger wird als von Eseln, und er verbindet diese Fälle mit denen der einheimischen Frauen, die, sobald sie von einem weißen Mann geschwängert wurden, dadurch unfruchtbar wurden Verbindung mit

Männern ihrer eigenen Rasse, ohne jedoch die Fähigkeit zu verlieren, erneut von weißen Männern schwanger zu werden.

Ich kann diese abenteuerliche Theorie nicht akzeptieren, die Dr. Carpenter fast bereit war, zu übernehmen, die er aber in einem Nachwort verworfen hat, aufgrund neuer Informationen, die er bei Redaktionsschluss seines Artikels erhalten hat. [78] Der Einfluss des ersten Männchens auf die nachfolgenden Nachkommen wurde oft durch die Kreuzung von Tieren derselben Rasse und sogar verschiedener Arten deutlich. [79] Die Existenz eines solchen Phänomens in der menschlichen Spezies ist jedenfalls immer noch zweifelhaft, und der Zusammenhang solcher Tatsachen mit Strzeleckis Behauptung ist noch fragwürdiger. Wir müssen auch beachten, dass Strzelecki, wenn er auf die Unfruchtbarkeit wilder Frauen hinweist, die mit den Weißen zusammengelebt haben, nicht nur von solchen spricht, die Mulatten hervorgebracht haben, sondern sich auch auf diejenigen Frauen bezieht, die keine Kinder zur Welt gebracht haben; und wenn Mr. Harvey die genaue Bedeutung des Textes verstanden hätte, hätte er seine Theorie vielleicht nicht vorangebracht.

Die Beobachtungen von M. de Strzelecki wurden in einem Werk über Australien veröffentlicht, obwohl sie in verschiedenen Regionen gemacht wurden. Es wurde angenommen, dass er insbesondere über die einheimischen Frauen von New South Wales sprach, und man erwartete eher von diesem Land mehr Informationen zu diesem Thema. Herr Heywood Thomson, ein Chirurg der englischen Marine, ging auf die Frage ein und schickte an das *Edinburgh Monthly Journal* einen Artikel, der Strzeleckis Behauptung widerlegen sollte. Dieser Artikel zeigt eindrucksvoll, dass Strzeleckis Meinung viel zu allgemein war. Der Autor gibt an, dass er einen Kolonisten des Macquarie-Flusses gekannt hatte, der ihm die folgende Tatsache mitteilte: – Einer seiner Sträflingsdiener hatte ein Kind, das ihm von einer Australierin geboren wurde, die später zu ihrem eigenen Stamm zurückkehrte, und hatte dann ein Kind zweites Kind von einem einheimischen Mann. Herr Thomson gibt an, dass andere Fälle dieser Art in der Kolonie vorgekommen seien; und er versetzt Mr. Harveys Theorie einen tödlichen Schlag, indem er hinzufügt, dass die australischen Frauen, die eine gewisse Zeit mit den Weißen zusammengelebt haben, bei ihnen nicht produktiver sind als bei den Eingeborenen. Aber obwohl Herr Thomson versucht hat zu beweisen, dass das Zusammenleben mit Europäern nicht unbedingt dazu führt, dass australische Frauen mit Männern ihrer eigenen Rasse unfruchtbar werden, räumt er ein, dass ein solches Ergebnis sehr häufig vorkommt. Er gibt es als eine Tatsache zu, die nicht bestritten werden kann, [80] und hält sie für so sicher, dass er versucht, sie zu erklären, indem er sie auf die folgenden Ursachen zurückführt:

1. Der Europäer, der mit einer Australierin zusammengelebt hat, schickt sie nach einigen Jahren weg, wenn sie oft nicht jung genug ist, um Kinder zu zeugen, da australische Frauen selten nach dem dreißigsten Lebensjahr schwanger werden. 2. Das Zusammenleben mit einem Europäer verändert die Konstitution der wilden Frau, die raucht und während dieser Zeit häufig betrunken ist. 3. Nachdem sie die Gewohnheiten des wilden Lebens nicht verloren hat, kehrt sie zu ihrem Stamm zurück, wo sie jetzt Schwierigkeiten hat, Strapazen und Unregelmäßigkeiten zu ertragen, was ihre Fruchtbarkeit verringert. 4. Als sie schließlich Mutter wird und zu ihren anderen Problemen noch die Strapazen der Mutterschaft hinzukommen, versucht sie, ihnen durch Kindsmord zu entkommen. Auf die gemeinsame Wirkung dieser Ursachen führt der Autor die Seltenheit der Kinder zurück, die von australischen Ureinwohnerinnen geboren wurden, die zu ihren Stämmen zurückgekehrt waren.

Es ist sehr bedeutsam, wenn ein Autor wider Willen durch seine Theorien Tatsachen bestätigt, deren Widerlegung er sich vorgenommen hatte. Ich werde nicht noch einmal auf die Geschichte des Kindsmordes eingehen, die hier hundertmal unwahrscheinlicher ist als in Fällen, in denen das Kind von einem Europäer gezeugt wurde. Obwohl aus dem Artikel von Herrn Thomson hervorgeht, dass Strzeleckis Behauptung zu allgemein war, ergibt sich daraus gleichzeitig, dass die Behauptung begründet war. Aber hier ist nicht der Ort, nach der Erklärung eines Phänomens zu suchen, das trotz der Bemühungen von Herrn Harvey die Hybridität nicht berührt. Wenn ich mich mit dieser Tatsache beschäftigt habe, dann deshalb, weil die Polemik, die durch Strzeleckis Beobachtungen hervorgerufen wurde, unbestreitbar bewiesen hat, dass das *Zusammenleben* von Weißen und einheimischen australischen Frauen in Australien sehr verbreitet ist; und wir verstehen unter diesem Namen nicht den zufälligen und vorübergehenden Geschlechtsverkehr, wie er auftritt, wenn die Frauen auf den Markt kommen, sondern das Zusammenleben unter einem Dach, das sich über mehrere Monate oder sogar Jahre erstreckt. Die Seltenheit australischer Mulatten kann daher weder auf die Seltenheit noch auf die Vergänglichkeit des Geschlechtsverkehrs zurückgeführt werden; Auch können wir, solange wir nicht besser informiert sind, nicht zugeben, dass die relative Sterilität solcher Kreuzungen die Folge eines Homogenesedefekts zwischen den beiden Rassen ist.

Bei der Untersuchung der vorangegangenen Fälle haben wir die Frage gestellt, ob Mulatten ersten Grades untereinander unendlich produktiv seien, und um diese zu beantworten, mussten wir eine Reihe von Tatsachen analysieren. Im vorliegenden Fall fehlen uns die Fakten, und die Frage kann nur theoretisch untersucht werden. Kein Reisender oder Autor hat von der Allianz australischer Mulatten untereinander oder von ihrer Rückkreuzung mit dem Elternstamm gesprochen. Kein Autor hat uns darüber informiert, ob diese Mulatten robust, intelligent, lebhaft oder im Gegenteil schwach, dumm und kurzlebig sind. Eines scheint mir sicher, dass die Zahl der jungen Mulatten, die in jungen Jahren sterben oder nicht lebensfähig sind, relativ beträchtlich sein muss, und dies könnte möglicherweise Anlass zu dem Vorwurf des Kindsmords gegeben haben, den ich bereits widerlegt habe. Diese fehlerhafte Nachkommenschaft wird auch bei Kreuzungen bestimmter Tierarten beobachtet, die jedoch wenig homogen sind; und wenn es wahr ist, wie alles darauf hindeutet, dass die Verbindung der Weißen und der australischen Frauen nur wenig produktiv ist, können wir annehmen, dass Mulatten, die aus solch unterschiedlichen Verbindungen hervorgegangen sind, in die Kategorie der minderwertigen Kreuzungen eintreten müssen. Sind sie untereinander sehr produktiv? Dies scheint nicht sehr wahrscheinlich, obwohl wir keine experimentellen Erkenntnisse darüber haben. Es ist sogar zweifelhaft, ob sie bei den Weißen sehr produktiv sind, denn niemand hat die Existenz von Quadron-Mulatten erwähnt, die ebenso leicht zu erkennen sind wie die Quadron-Mulatten. So gering die Zahl der Hybridfrauen ersten Grades auch sein mag, diese Frauen hätten mit den Weißen, wenn sie sehr produktiv gewesen wären, eine Nachkommenschaft hervorbringen müssen, die in der Bevölkerung einer vor siebzig Jahren gegründeten Kolonie zahlreich hätte werden müssen; denn es besteht kein Zweifel daran, dass die farbige Frau dort, wie überall, lieber die Allianz mit Männern einer überlegenen Rasse wählt.

Ich bin weit davon entfernt, diese Vermutungen als erwiesene Wahrheiten darzustellen. Ich habe alle mir zugänglichen Dokumente studiert und analysiert; Ich kann jedoch nicht für Tatsachen verantwortlich gemacht werden, die ich nicht selbst festgestellt habe und die zu sehr im Widerspruch zu allgemein anerkannten Meinungen stehen, als dass sie ohne strenge Untersuchung zugelassen werden könnten. Ich mache daher Reisende und insbesondere in Australien ansässige Ärzte eindringlich auf dieses Thema aufmerksam, dessen Bedeutung ich hervorzuheben versucht habe. Bis wir weitere Einzelheiten erhalten, können wir nur auf der Grundlage der bekannten Tatsachen schlussfolgern; aber diese sind, das muss man zugeben, so zahlreich und so authentisch, dass sie, wenn schon nicht eine strenge endgültige Demonstration, so doch zumindest eine starke Vermutung zugunsten der Lehren der Polygenisten darstellen.

Schlussfolgerungen zur menschlichen Hybridität

Aus der Gesamtheit unserer Forschungen über die Hybridität der Menschheit kommen wir zu folgenden Ergebnissen:

1. Dass bestimmte Vermischungen vollkommen eugenesisch sind.

2. Dass andere Vermischungen in ihren Ergebnissen denen der eugenetischen Hybridität deutlich unterlegen sind.

3. Dass Mulatten ersten Grades, die aus der Vereinigung der germanischen (angelsächsischen) Rasse mit den afrikanischen Negern hervorgegangen sind, an Fruchtbarkeit und Langlebigkeit den Individuen der reinen Rassen unterlegen zu sein scheinen.

4. Dass es zumindest zweifelhaft ist, ob diese Mulatten in ihren Bündnissen untereinander in der Lage sind, ihre Rasse auf unbestimmte Zeit aufrechtzuerhalten, und dass sie in ihren direkten Bündnissen weniger produktiv sind als in ihrer Rückkreuzung mit den Elternstämmen, wie in beobachtet wird paragenetische Hybridität.

5. Dass Allianzen zwischen der germanischen Rasse (Angelsachsen) und den melanesischen Rassen (Australier und Tasmanier) nur wenig produktiv sind.

6. Dass die aus einem solchen Verkehr hervorgegangenen Mulatten zu selten sind, als dass wir genaue Angaben über ihre Lebensfähigkeit und Fruchtbarkeit erhalten könnten.

7. Dass mehrere Grade der Hybridität, die bei Kreuzungen von Tieren verschiedener Arten beobachtet wurden, auch bei den verschiedenen Kreuzungen von Menschen verschiedener Rassen aufzutreten scheinen.

8. Dass der niedrigste Grad menschlicher Hybridität, bei dem die Homogenese so schwach ist, dass sie die Fruchtbarkeit der ersten Kreuzung ungewiss macht, in den unterschiedlichsten Kreuzungen zwischen einer der höchsten und den beiden niedrigsten Rassen der Menschheit zum Ausdruck kommt.

ABSCHNITT IV.

ZUSAMMENFASSUNG UND SCHLUSSFOLGERUNG.

DIE zahlreichen und kontroversen Fragen, die wir zu diskutieren hatten, haben die Kette unserer Thesen mehr als einmal unterbrochen. Es kann daher nützlich sein, hier eine *Zusammenfassung* der verschiedenen Teile unserer Argumentation zu präsentieren.

Zoologen haben in *jeder* der natürlichen Gruppen, aus denen die Gattungen bestehen, *mehrere* Typen erkannt, die sie als Arten bezeichnen. [81]

Die menschliche Gruppe bildet offensichtlich eine Gattung; Wenn es nur aus einer Art bestünde, würde es eine einzige Ausnahme in der Schöpfung bilden. Es ist daher nur natürlich anzunehmen, dass diese Gattung, wie alle anderen, aus verschiedenen Arten besteht.

In der größeren Zahl der Gattungen unterscheiden sich die verschiedenen Arten deutlich weniger voneinander als bestimmte Menschenrassen. Ein Naturforscher, der, ohne die Frage der Herkunft zu berühren, schlicht und einfach die allgemeinen Prinzipien der Zootaxis auf die menschliche Gattung anwendet, würde geneigt sein, diese Gattung in verschiedene Arten zu unterteilen.

Diese Betrachtungsweise des Themas kann nur dann aufgegeben werden, wenn durch Beobachtung nachgewiesen würde, dass alle Unterschiede zwischen den menschlichen Rassen das Ergebnis von Veränderungen waren, die in der Organisation des Menschen durch den Einfluss der Medien verursacht wurden.

Die Monogenisten haben zunächst große Anstrengungen unternommen, einen solchen Beweis zu liefern, jedoch ohne Erfolg. Die Beobachtung hat im Gegenteil gezeigt, dass die Organisation des Menschen zwar im Laufe der Zeit und unter dem Einfluss äußerer Bedingungen einige Veränderungen erfahren kann, dass diese Veränderungen jedoch verhältnismäßig sehr geringfügig sind und keinen Bezug zu den Veränderungen haben typische Unterschiede menschlicher Rassen. Der Mensch, der in ein neues Klima verpflanzt und einer neuen Lebensweise unterworfen wird, bewahrt alle wesentlichen Merkmale seiner Rasse und gibt sie an die Nachwelt weiter, und seine Nachkommen erwerben nicht den Charakter der indigenen Rasse oder Rassen. *Cælum, Nicht-Corpus-Mutant, trans-Stute-Currunt.*

Die Monogenisten haben eingewandt, dass die Zeit der entfernten Kolonien zu jung sei; dass die Beobachtungen, die dazu dienen, die Beständigkeit menschlicher Typen zu beweisen, kaum aus drei oder vier Jahrhunderten stammen und dass diese Zeitspanne nicht ausreicht, um eine Transformation der Rassen herbeizuführen, und dass eine solche Transformation im Laufe der langen Reihe verstrichener Jahrhunderte schrittweise erfolgt ist , nach Ansicht einiger seit der Erschaffung des Menschen und nach Ansicht anderer seit der Sintflut.

Aber das Studium der ägyptischen Gemälde hat gezeigt, dass einerseits die Haupttypen der menschlichen Gattung damals, mindestens 2.500 Jahre vor Jesus Christus, existierten, so wie sie heute existieren.

Auch hier ist die jüdische Rasse, die mehr als achtzehn Jahrhunderte lang in den unterschiedlichsten Klimazonen verstreut war, heute überall dieselbe wie in Ägypten zur Zeit der Pharaonen.

Die Periode *positiver* Beobachtungen datiert somit auf mehr als vierzig Jahrhunderte und nicht auf drei oder vier. [82]

Da die Monogenisten keine Hoffnung mehr hatten, durch direkte Beweise zu beweisen, dass die charakteristischen Merkmale menschlicher Rassen Transformationen eines primitiven Typs sind, suchten sie nach indirekten Beweisen. Sie glaubten, sie in dieser Tatsache oder vielmehr Behauptung gefunden zu haben, dass es immer eine gewisse Beziehung zwischen den Charakteren menschlicher Rassen und den Medien, in denen sie existieren, gibt. Bei näherer Betrachtung stellt sich heraus, dass diese Behauptung jeder Grundlage entbehrt. Bei der Untersuchung der wichtigsten ethnologischen Merkmale nacheinander und ihrer Verbreitung auf der Erdoberfläche wurde gezeigt, dass zwischen diesen verschiedenen Merkmalen und den klimatischen und hygienischen Bedingungen kein Zusammenhang besteht.

Die Monogenisten griffen dann auf eine noch indirektere Argumentation zurück. Sie argumentierten, dass es in der gesamten *Gattung Homo* einen Fundus an gemeinsamen Ideen, Glaubensbekenntnissen, Kenntnissen und Sprachen gebe, der den gemeinsamen Ursprung aller Menschen bezeuge. Man könnte einwenden, dass dieses Argument keinerlei Wert hat; wenn man bedenkt, dass indirekte Kommunikation zwischen Völkern unterschiedlicher Herkunft möglicherweise Wörter, Gebräuche und Ideen aneinander weitergegeben hat. Eine gründliche Untersuchung dieser Frage hat jedoch gezeigt, dass es bestimmte Völker gibt, die absolut keine Vorstellung von Gott oder der Seele haben, deren Sprachen keinerlei Beziehung zu irgendjemandem haben, die völlig asozial sind und die sich von den Kaukasiern mehr durch den Intellektuellen unterscheiden und moralischen Fähigkeiten als durch ihre physischen Charaktere.

Es bestand nicht einmal die Notwendigkeit, auf der Schwierigkeit oder vielmehr der geographischen Unmöglichkeit der Zerstreuung so vieler Rassen, die von einem gemeinsamen Ursprung ausgehen, zu betonen, noch zu bemerken, dass vor den fernen und fast neuen Wanderungen der Europäer jede natürliche Gruppe menschlicher Rassen sie bewohnte auf unserem Planeten eine Region, die durch eine besondere Fauna gekennzeichnet ist; dass kein amerikanisches Tier gefunden wurde, weder in Australien noch auf dem alten Kontinent, und wo Menschen eines neuen Typs entdeckt wurden, wurden nur Tiere gefunden, die zu Arten, sogar zu Gattungen und manchmal zu zoologischen Ordnungen gehörten, ohne Entsprechungen in anderen Regionen des Kontinents der Globus.

Und während es so einfach war, anzunehmen, dass es mehrere *Aspekte* der Erschaffung des Menschen sowie anderer Wesen gab; und während diese Lehre, die so sehr mit allen von der Naturwissenschaft gelieferten Daten übereinstimmte, alle geographischen Einwände beseitigte und so alle Analogien und Unterschiede der menschlichen Typen und die Aufteilung jeder Gruppe erklärte; Während sie mit einem Wort alle bekannten Tatsachen genau erklärte, bewegte sich die entgegengesetzte Lehre in einem Kreis widersprüchlicher Annahmen, die von Hypothesen überlagert waren; Theorien, die auf einer kleinen Anzahl von Tatsachen basieren und durch andere unerwartete Tatsachen auf den Kopf gestellt werden; durch Beobachtung widerlegte imaginäre Einflüsse; antihistorische Legenden, die durch historische Denkmäler zerstreut werden; lahme Erklärungen, die durch die Physiologie zerstört werden; obskure Sophismen, die durch die Logik widerlegt werden; und das alles, um zu zeigen, dass nicht unbedingt alle Rassen vom selben Paar abstammen, sondern dass dies streng genommen nicht völlig unmöglich ist.

Woher haben die Monogenisten die erforderliche Beharrlichkeit und den nötigen Mut, ihrer Vernunft eine solche ständige Zurückhaltung aufzuerlegen und den Zeugnissen der Beobachtung, der Wissenschaft und der Geschichte zu widerstehen?

Wenn wir ihr System analysieren, finden wir in jedem Moment zwei grundlegende Axiome, die ihnen als Glaubensartikel dienen und deren Beweise ihnen ausreichend erscheinen, um alle anderen Einwände zu überwinden.

Diese beiden Axiome dienten als Prämissen eines scheinbar unwiderstehlichen Syllogismus.

1. Alle Tiere, die eugenetische Nachkommen hervorbringen können, gehören derselben Art an.

2. Alle menschlichen Kreuzungen sind eugenetisch.

Daher gehören alle Menschen zur gleichen Spezies.

Die Monogenisten, überzeugt von der Realität der Prämissen dieses Syllogismus, glaubten, dass ihre Lehre auf einem soliden Fundament stünde, und verteidigten sie mit der von Überzeugung geprägten Zuversicht.

Von dringenden Einwänden bedrängt, ständig zum Nachgeben gezwungen, unfähig, ohne sofortigen Rückzug einen Schritt voranzukommen, spürten sie, wie ihre Kräfte durch die Zuflucht zu ihrem Syllogismus wieder auflebten, wie Antæus, als er die Erde berührte. Solange die Zuflucht bestand, setzten sie den Kampf fort, wenn auch nicht mit Vorteil, so doch mit der Glut des Glaubens; Denn obwohl der Glaube keine Berge mehr versetzt, lässt er dennoch die Hoffnung, sie zu versetzen.

Aber drücken diese beiden als Axiome anerkannten Grundsätze die Wahrheit aus? Kann dieser triumphale Syllogismus, dessen Prämissen sie sind, Bestand haben? Stimmt es, dass nur Tiere derselben Art produktive Nachkommen hervorbringen können? Stimmt es, dass alle menschlichen Kreuzungen eugenetischer Natur sind? Um den Syllogismus der Monogenisten durcheinander zu bringen und ihrem System jede wissenschaftliche Grundlage zu entziehen, könnte es ausreichen, die erste der oben genannten Fragen zu verneinen. Das System würde dann zu dem werden, was es war, bevor es mit der Wissenschaft in Kontakt kam, nämlich zu einem mehr oder weniger respektablen Glauben, der auf einem Gefühl oder einem Dogma beruhte. Wenn aber auch die zweite Frage verneint würde und nachgewiesen werden könnte, dass alle menschlichen Kreuzungen nicht eugenetisch seien, dann würde nicht nur der Syllogismus, sondern die gesamte Lehre der Monogenisten zusammenbrechen. Die Lehre wäre dann nicht nur außerwissenschaftlich, sondern auch antiwissenschaftlich; Es ist positiv, dass zwei Gruppen von Tieren, die so unterschiedlich sind, dass sie von Generation zu Generation nicht miteinander verschmelzen können, nicht derselben Art angehören. Dies ist eine unbestreitbare und unbestrittene Wahrheit.

So wurden wir dazu gebracht, nacheinander die beiden grundlegenden Thesen zu untersuchen, die als Grundlage für die Einheitslehre dienten, wozu eine Reihe von Untersuchungen erforderlich waren.

Wir haben zunächst die Ergebnisse bestimmter Kreuzungen zwischen Tieren unbestreitbar verschiedener Arten untersucht, wie Hunden und Wölfen, Ziegen und Schafen, Kamelen und Dromedaren, Hasen und Kaninchen usw.; und wir haben gezeigt , *dass diese Kreuzungen eugenetische Mischlinge hervorbringen, das heißt, dass sie untereinander perfekt und auf unbestimmte Zeit produktiv sind* .

Es stimmt also nicht, dass alle Tiere, die eugenetische Nachkommen hervorbringen können, derselben Art angehören; und selbst wenn alle menschlichen Vermischungen eugenetisch wären, wie allgemein angenommen wird, könnten wir daraus nicht auf die Einheit der menschlichen Spezies schließen. Den Monogenisten wird damit ihre Hauptbasis und ihr einziges wissenschaftliches Argument entzogen.

Es musste jedoch untersucht werden, ob dieses weit verbreitete Axiom, dass alle menschlichen Kreuzungen eugenesischer Natur sind, eine erwiesene Wahrheit oder eine leichtfertig akzeptierte Hypothese war, die keiner Überprüfung oder Kontrolle unterliegt. Dies war Gegenstand unserer zweiten Untersuchungsreihe.

Wir haben gleich zu Beginn erkannt, dass die Monogenisten, die ihr Axiom als selbstverständlich betrachteten, keine Anstrengungen unternommen haben, um dessen Richtigkeit festzustellen, so dass wir es streng genommen hätten verwerfen können. Als wir entgegen der Meinung mehrerer moderner Autoren feststellen wollten, dass es tatsächlich eugenetische Vermischungen in der menschlichen Gattung gab, fanden wir in der Wissenschaft Behauptungen ohne Beweise, und wir glauben, dass unsere Untersuchungen über die gemischten Populationen Frankreichs dies getan haben Respekt, das Verdienst der Neuheit. Wir können uns über den Wert unserer Demonstration irren; aber wir wagen zu behaupten, dass diese Demonstration die erste ist, die versucht wurde.

bestimmte menschliche Kreuzungen , wenn auch nicht ganz sicher, so doch äußerst wahrscheinlich, eugenetisch sind, haben wir untersucht, ob sich *alle* menschlichen Kreuzungen in demselben Zustand befinden.

Aus den gesammelten Dokumenten geht hervor, dass *bestimmte* menschliche Kreuzungen zu deutlich schlechteren Ergebnissen führen als die eugenetische Hybridität bei Tieren. Die Gesamtheit der bekannten Tatsachen erlaubt es uns, es für sehr wahrscheinlich zu halten, dass bestimmte menschliche Rassen, zwei mal zwei genommen, weniger homogen sind; wie zum Beispiel die Arten Hund und Wolf. Wenn wir einen Vorbehalt anbringen und einige Zweifel an dieser Schlussfolgerung aufkommen lassen müssen, dann den, dass wir ohne zahlreiche Überprüfungen keine Tatsache zugeben können, die die Pluralität der menschlichen Spezies definitiv beweist; eine Tatsache, durch deren Vorhandensein jede weitere Diskussion überflüssig wird; eine Tatsache, deren politische und soziale Folgen immens wären.

Wir können nicht genug darauf bestehen, die Aufmerksamkeit der Beobachter auf dieses Thema zu lenken. Aber was auch immer das Ergebnis weiterführender Forschungen zur menschlichen Hybridität sein mag, es bleibt gut belegt, dass Tiere verschiedener Arten eugenetische Nachkommen hervorbringen können und dass wir folglich aus der Fruchtbarkeit der menschlichen Vermischung, wie unterschiedlich die Rassen auch sein mögen, keinen physiologischen Rückschluss ziehen können Argument für die Einheit der Arten, auch wenn die Fruchtbarkeit ebenso sicher wie zweifelhaft wäre.

Das große Problem, das wir in diesem Aufsatz untersucht haben, ist eines der Probleme, die große Aufregung hervorgerufen haben, und es ist äußerst schwierig, es mit einem Geist anzugehen, der nicht von außerwissenschaftlichen Vorurteilen beeinflusst ist. Das war fast unvermeidlich; aber die Wissenschaft muss sich von allem fernhalten, was nicht in ihrem Zuständigkeitsbereich liegt. Es gibt keinen Glauben, wie respektabel es auch sein mag, kein Interesse, wie legitim es auch sein mag, das sich nicht dem Fortschritt des menschlichen Wissens anpassen und sich der Wahrheit beugen darf, wenn diese Wahrheit bewiesen wird. Daher ist es immer gefährlich, theologische Argumente mit Diskussionen dieser Art zu vermischen und im Namen der Religion jede wissenschaftliche Meinung zu stigmatisieren, denn wenn diese Meinung früher oder später an Boden gewinnt, ist die Religion nutzlos kompromittiert worden. Der ungeschickte Eingriff der Theologen in astronomische Fragen (Erdrotation), in die Physiologie (Präexistenz von Keimen), in die Medizin (Besitztümer) usw. hat mehr Ungläubige hervorgebracht als die Schriften der Philosophen. Warum sollten Menschen in das Dilemma geraten, zwischen Wissenschaft und Glauben zu wählen? Und wenn so viele eindrucksvolle Beispiele Theologen dazu gezwungen haben, anzuerkennen, dass Offenbarung nicht auf die Wissenschaft anwendbar ist, warum stellen sie dann hartnäckig weiterhin die Bibel vor die Räder des Fortschritts? [83]

Aufrichtige Christen haben verstanden, dass der Moment gekommen ist, die Lehre der Polygenisten mit den heiligen Schriften in Einklang zu bringen. Sie sind geneigt zuzugeben, dass sich die mosaische Erzählung nicht auf die gesamte Menschheit bezieht, sondern lediglich auf die *Adamiten* , aus denen Gottes Volk hervorgegangen ist; dass es möglicherweise andere Menschen gab, um die sich der heilige Schriftsteller nicht gekümmert hatte; dass nirgendwo gesagt wird, dass die Söhne Adams inzestuöse Bündnisse mit ihren eigenen Schwestern eingegangen seien; dass Kain, der nach der Ermordung seines Bruders verbannt wurde, mit einem Zeichen versehen wurde, damit ihn niemand töten könne; dass es außer den Söhnen Gottes eine Rasse von Menschensöhnen gab; dass die Herkunft der Menschensöhne nicht angegeben ist; dass uns nichts berechtigt, diese als Nachkommen Adams zu betrachten; dass diese beiden Rassen sich in ihren physischen Charakteren unterschieden, da durch ihre Vereinigung eine Kreuzung entstand, die mit dem Namen Riesen bezeichnet wurde, „um die physische und moralische Energie gemischter Rassen anzuzeigen". Und schließlich hätten alle diese vorsintflutlichen Rassen die Sintflut in den Gestalten der drei Schwiegertöchter Noahs überlebt. [84]

Wir haben hier die Beobachtungen verschiedener Autoren zusammengestellt, von denen einer, Rev. John Bachmann, mit offensichtlicher Befriedigung feststellt, dass, wenn auch im Gegensatz zur vorherrschenden Meinung, schließlich die Vielfalt der menschlichen Spezies nachgewiesen werden sollte, was er für sehr unwahrscheinlich hält Die Autorität der Bibel würde weiterhin unerschüttert bleiben und „das höchste Interesse der Menschheit würde dadurch nicht leiden." Es handelt sich hier um eine vorbereitende Vermittlung als eine Art Vorschau auf weitere wissenschaftliche Entwicklungen. Vor kurzem hat ein glühender Katholik und Arzt, der auf seinen verschiedenen Reisen die Rassen der Menschheit aufmerksam studiert hat, Herr Sagot, eine Hypothese aufgestellt, die wir für völlig neu halten und die es uns besser als durch die vorangegangenen Annahmen ermöglichen würde, die biblische Erzählung mit der anthropologischen Wissenschaft in Einklang zu bringen. Nachdem er gezeigt hat, dass die physischen, intellektuellen und moralischen Charaktere zwischen den Rassen der Menschen tiefgreifende Unterschiede schaffen, die unauslöschlich sind, und dass alle Einflüsse, denen sie zugeschrieben werden, insofern absurd und eingebildet sind, als natürliche Ursachen so etwas niemals hervorgebracht hätten Als Abweichung von der ursprünglichen Form geht Herr Sagot davon aus, dass die Aufteilung in völlig unterschiedliche Rassen und ihre methodische Zerstreuung und Neuverteilung auf der Erdoberfläche ein wundersamer Eingriff der Vorsehung war. Er ist der Meinung, dass diese große Tatsache in der Zeit der Sprachenverwirrung, also nach dem kühnen Unterfangen des Turmbaus zu Babel, vollbracht wurde und dass Gott durch die Zerstreuung der Familien jede mit einer besonderen Organisation und entsprechenden Fähigkeiten ausgestattet hat an die verschiedenen ihnen zugeordneten Klimazonen. [85] Ob die Unterschiede zwischen den menschlichen Rassen und ihrer geografischen Verteilung die Folge unterschiedlicher Schöpfungen oder wundersamer Transformationen waren, die neuen Schöpfungen gleichkamen, kommt in Bezug auf die Lehre der Polygenisten auf dasselbe hinaus. Ihr Ziel ist es nicht, sich auf theologische Diskussionen einzulassen; Sie wurden dazu getrieben, und sie werden zweifellos erfreut sein zu hören, dass ihre Lehre weiterentwickelt werden kann, ohne jemanden zu beleidigen.

Das Eingreifen politischer und sozialer Erwägungen war für die Anthropologie nicht weniger schädlich als das religiöse Element. Als großzügige Philanthropen mit unermüdlicher Beharrlichkeit die Freiheit der Schwarzen forderten, waren die Anhänger des alten Systems, die in ihren tiefsten Interessen bedroht waren, entzückt zu hören, dass Neger kaum Menschen, sondern Haustiere waren, intelligenter und produktiver als die Schwarzen ausruhen. Zu dieser Zeit wurde die wissenschaftliche Frage zu einer Frage des Gefühls, und wer die Abschaffung der Sklaverei wünschte, musste zugeben, dass Neger von der Sonne geschwärzte und kraus gewordene Kaukasier seien. Nachdem Frankreich und England, die beiden zivilisiertesten Nationen, ihre Sklaven endgültig emanzipiert haben, kann die

Wissenschaft ihre Rechte einfordern, ohne sich um die Sophismen der Sklavenhalter zu kümmern.

Viele ehrliche Männer glauben, dass der Moment, frei zu sprechen, noch nicht gekommen ist, da der Emanzipationskampf in den Vereinigten Staaten von Amerika noch lange nicht zu Ende ist und dass wir es vermeiden sollten, den Sklavenhaltern Argumente zu liefern. Aber ist es wahr, dass die polygenistische Doktrin, die kaum ein Jahrhundert alt ist, in irgendeiner Weise für eine Ordnung der Dinge verantwortlich ist, die seit undenklichen Zeiten existiert und die sich über eine lange Reihe von Jahrhunderten hinweg im Schatten entwickelt und verewigt hat? der so lange unumstrittenen Lehre der Monogenisten? Und können wir glauben, dass es den Sklavenhaltern sehr peinlich ist, Argumente in der Bibel zu finden? Der Rev. John Bachmann, ein leidenschaftlicher Monogenist aus South Carolina, hat in den Südstaaten große Popularität erlangt, indem er mit großer Salbung demonstrierte, dass die Sklaverei eine göttliche Institution ist. [87] Die Vertreter der Sklavenstaaten haben ihre Argumente nicht aus den Schriften der Polygenisten, sondern aus der Bibel gezogen; und Herr Bachmann erzählt uns, dass die Abolitionisten des Kongresses von solch einer unumstößlichen Autorität sprachlos geworden sind! Es darf daher nicht davon ausgegangen werden, dass es einen Zusammenhang zwischen der wissenschaftlichen und der politischen Frage gibt. Der Unterschied der Herkunft impliziert keineswegs die Unterordnung der Rassen. Es impliziert im Gegenteil die Vorstellung, dass jede Menschenrasse ihren Ursprung in einer bestimmten Region hat, sozusagen als Krone der Fauna dieser Region; und wenn es erlaubt wäre, die Absicht der Natur zu erraten, könnten wir zu der Annahme verleitet werden, dass sie jeder Rasse ein bestimmtes Erbe zugewiesen hat, weil trotz allem, was über den Kosmopolitismus des Menschen gesagt wurde, die Unantastbarkeit der Domäne besteht Die Lebensweise bestimmter Rassen wird durch ihr Klima bestimmt.

Man vergleiche diese Sichtweise der Frage mit der der Monogenisten und stelle sich die Frage, welche der beiden Sichtweisen den Verteidigern der Sklaverei besser gefällt. Wenn alle Menschen Nachkommen eines Paares sind – wenn die Ungleichheit der Rassen das Ergebnis eines mehr oder weniger verdienten Fluches war – oder wiederum, wenn die einen sich selbst erniedrigt haben und zugelassen haben, dass die Fackel ihrer primitiven Intelligenz erloschen ist , während die anderen das kostbare Geschenk des Schöpfers sorgfältig gehütet haben – mit anderen Worten, wenn es verfluchte und gesegnete Rassen gibt – Rassen, die der Stimme der Natur gehorcht haben, und Rassen, die ihr nicht gehorcht haben – dann der Rev. John Bachmann hat Recht, wenn er sagt, dass Sklaverei ein göttliches Recht ist; dass es eine Strafe der Vorsehung ist; und dass es bis zu einem gewissen Punkt gerecht ist, dass jene Rassen, die sich selbst erniedrigt haben, unter den *Schutz anderer* gestellt werden sollten – um einen genialen Euphemismus aus der Sprache der Verteidiger der Sklaverei zu übernehmen. [88] Wenn aber der Äthiopier mit dem gleichen Recht König von Sudan ist wie der Kaukasier von Europa, welches Recht hat er dann, dem ersteren Gesetze aufzuerlegen, es sei denn mit dem Recht der Macht? Im ersten Fall präsentiert sich die Sklaverei mit einem gewissen Anschein von Legitimität, die sie in den Augen bestimmter Theoretiker entschuldbar machen könnte; im zweiten Fall handelt es sich um eine reine Gewalttat, gegen die alle protestieren, die keinen Nutzen daraus ziehen.

Von einem anderen Standpunkt aus könnte man sagen, dass die polygenistische Lehre den minderwertigen Rassen der Menschheit einen ehrenvolleren Platz einräumt als in der entgegengesetzten Lehre. Einem anderen Mann in Intelligenz, Kraft oder Schönheit unterlegen zu sein, ist kein demütigender Zustand. Im Gegenteil, man könnte sich schämen, eine körperliche oder moralische Erniedrigung erlitten zu haben, auf der Skala der Wesen herabgestiegen zu sein und seinen Rang in der Schöpfung verloren zu haben.

FUSSNOTEN:

[1] Gobineau, *Inégalité des Races Humaines* , 8vo, Paris, 1855; [auch ins Englische übersetzt, *On the Inequality of Human Races* , und herausgegeben von Henry Hotze, 8vo. EDITOR.]

[2] „Die alleinige Wirkung der Gesetze der Hybridität", sagt Nott, „könnte die gesamte menschliche Spezies ausrotten, wenn alle verschiedenen Arten von Menschen, die tatsächlich auf der Erde existieren, vollständig verschmelzen würden." *Typen der Menschheit* , S. 407, achte Auflage, Philadelphia, 1857. Dr. Robert Knox ist nicht weniger deutlich. „Ich glaube nicht, dass eine Mulattenrasse *allein durch Mulatten über die dritte oder vierte Generation hinaus erhalten werden kann* ; Sie müssen sich mit den reinen Rassen verheiraten, sonst gehen sie zugrunde." Robert Knox, *The Races of Men* , London, 1850.

[3] Georges Pouchet, *De la Pluralité des Races Humaines* , S. 140, Paris, 1858. [Eine Übersetzung dieser Arbeit wird in Kürze von der Anthropological Society of London veröffentlicht, herausgegeben von T. Bendyshe, Esq., MA, FASL- HERAUSGEBER.]

[4] Prichard, *Naturgeschichte des Menschen* .

[5] Davis und Thurnam, *Crania Britannica* , S. 7, Nr. 4, London, 1856.

[6] Siehe die Reisen von Truter und Somerville (1801), Lichtenstein (1805), Campbell (1813), John Philips (1825), Thompson (1824) usw. in der Collection of Voyages von Walkenaer, t. xv-xxi, Paris, 1842. Im Jahr 1801 fanden Truter und Somerville in der Nähe des Flusses Orange oder Gariep, in dem Bezirk, in dem sich heute die Stadt Griqua befindet, eine Horde Bastaards *und* Bosjesmen , angeführt von einem Bastaard namens Kok (t. xvii). , S. 364). Bei ihrer Rückkehr fanden sie ein beträchtliches Dorf vor, das aus Kaffern, Hottentotten und Mischlingsrassen verschiedener Arten bestand und unter dem Kommando eines Häuptlings namens Kok stand (S. 393). Im selben Jahr versammelte der Missionar Kitchener die Horde in einem Dorf. Es kamen reine Hottentotten und Namaquas (T. xviii, S. 126). Im Jahr 1802 übertrug der Missionar Anderson bei der Organisation der wachsenden Nation den Bastaards die Autorität (S. 127). Das Dorf Laawater oder Klaarwater, das inzwischen zur Griqua-Stadt geworden ist, bestand im Jahr 1805, als Lichtenstein es besuchte, aus etwa dreißig Familien, von denen die Hälfte der Bastaard-Rasse angehörte, der Rest waren Namaquas oder Hottentotten. Das Dorf vergrößerte sich rasch „durch die Ankunft von Flüchtlingen und durch Heiraten mit den Frauen der Bosjesmen und Koramas, die in der Nähe lebten" (t. xix, S. 355). Sie praktizierten Polygamie. „Sie stellten eine Horde nomadischer nackter Wilder dar, die von Plünderung

und Jagd lebten; Ihre Körper waren mit roter Farbe beschmiert, die Haare mit Fett bedeckt, sie lebten in Unwissenheit, ohne jede Spur von Zivilisation" (S. 356). Nach Ablauf von fünf Jahren begannen die Missionare, sie zu zivilisieren, indem sie ihnen den Geschmack für landwirtschaftliche Tätigkeiten vermittelten. Der Name *Bastaards* , der auf ihre europäische Herkunft hindeutete, passte jedoch nicht mehr zu dieser Nation, in der das afrikanische Blut stark vorherrschte. Sie nahmen daher den Namen *Griquas an* . Campbell behauptet, dass sie diesen Namen gewählt hätten, da es sich um den Namen der Hauptfamilie handele (t. xviii, S. 395). Diese Erklärung erscheint mir sehr zweifelhaft. Ten Rhyne, der 1673, zwanzig Jahre nach der ersten Landung der Europäer, das südliche Afrika erkundete, erwähnt bereits die Existenz eines Hottentottenvolkes namens *Gregoriquos* (T. xv, S. 122). Dreißig Jahre später (1705) bezeichnet Kolbe dasselbe Volk als *Gauriquas* (t. xv, S. 253). Zu dieser Zeit existierte ein anderes Volk namens *Chirigriquas* . Im Jahr 1775 spricht Thunberg noch von Gauriquas (t. xvi, S. 201) und von Chirigriquas. Alle diese Namen haben offensichtlich dieselbe Wurzel, und die Einzigartigkeit der hottentotischen Aussprache veranlasste die verschiedenen Reisenden wahrscheinlich, eine unterschiedliche Rechtschreibung anzunehmen. Es ist daher anzunehmen, dass die Hottentotten von Klaarwater, indem sie sich selbst Griquas nannten, lediglich den alten Namen Gauriquas annahmen. Bis heute existiert das Volk *Koraquas* , was „Menschen, die Schuhe tragen" bedeutet (Burchell, t. xx, S. 60). Sie leben in der Nähe von Klaarwater. Wie dem auch sei, das neue Volk der Griquas gab Klaarwater unter dem Einfluss der englischen Missionare den Namen Griqua-Stadt. Diese Stadt, die von Malte-Brun Kriqua genannt wurde, wuchs durch die Hinzufügung der Koranas schnell. Im Jahr 1813 gab es bei einer Bevölkerung von 2.607 Einwohnern nicht weniger als 1.341 Koranas (t. xviii, S. 393). Im Jahr 1814 versuchte der Gouverneur des Kaps, die Griquas zu zwingen, Männer für die indigene Armee zu stellen. Der Vorschlag wurde sehr schlecht aufgenommen und die Nation befand sich fast im Zustand der Auflösung. Ein Teil der Bewohner der Griqua-Stadt floh in die umliegenden Berge und bildete Räuberbanden, die unter dem Namen Bergmaars das Land verwüsteten und im Verein mit Banden von Koranas die Betchouanas und die Bosjesmen plünderten und massakrierten. und *entführten ihre Frauen und Kinder* . Im Jahr 1825 wurden die Bergmaars aufgrund der Intervention von John Philips in Ordnung gebracht und nach Griqua-Stadt zurückgebracht. Sie hatten sich nun mit den Koranas, den Betchouanas und den Bosjesmen gekreuzt (t. xviii, S. 357). Einige Zeit zuvor war unter den sesshaften Griquas eine schwere Meinungsverschiedenheit ausgebrochen. Der Gouverneur des Kaps hatte einen Agenten, John Melvil, mit einem wichtigen Auftrag an einen gewissen Wasserburen geschickt, der ursprünglich ein Bosjesman war. Die Vorherrschaft hatte bisher der Familie Kok zugestanden, die, stolz auf die Tropfen europäischen Blutes in ihren Adern, die Autorität der Wasserburen nicht anerkennen wollte und dementsprechend auswanderte. Waterboer wurde jedoch nicht entlassen; und 1825 fand John Philips die Griquas in drei Kraals aufgeteilt, unter den Häuptlingen Kok, Berend und Waterboer (t. xix, S. 370). Hätte sich Dr. Prichard die Mühe gemacht, diese Dokumente zu konsultieren, hätte er erkannt, dass die Griquas durch so viele aufeinanderfolgende Kreuzungen fast zu einer rein afrikanischen Rasse geworden waren. Moderne Geographen ordnen die Griquas daher den Hottentotten zu und nennen sie Hottentotten-Griquas. Bemerkenswert ist auch, dass Prichard, als er die Griquas als Beispiel für eine gemischte Rasse anführte, sie nicht beschrieben hat. Damit das Beispiel irgendeinen Wert hat, ist es erforderlich, dass die Griquas einen Zwischentyp zwischen den Europäern und den Eingeborenen darstellen. Weder Dr. Prichard noch andere Reisende sagen das. Es gibt noch eine weitere Überlegung. Der Ursprung der Griqua-Nation geht auf den Beginn des 19. Jahrhunderts zurück. Dr. Prichard spricht zuletzt 1843 von ihnen. Zwei Generationen waren noch nicht vergangen. Es gibt noch einen weiteren Punkt. Im Jahr 1800 war der Stamm der Kok eine Horde, aber wenig zahlreich; im Jahr 1824 bestand es aus einem Volk von fünftausend Seelen, darunter siebenhundert bewaffneten Kriegern (Thompson, *loc. cit.*, t. xxi, S. 22). Es ist klar, dass dieses Volk nicht vom Urstamm abstammte, sondern sich durch zahlreiche Zusätze vermehrt hatte. Pater Peteam selbst müsste dies zugeben, wenn er noch am Leben wäre. Was die Griquas betrifft, habe ich mich sehr genau verhalten, aber ich schmeichele mir, dass dies ausreicht, um die Behauptung von Prichard, die alle modernen Monogenisten mit so großer Zustimmung aufgenommen haben, aus der Wissenschaft zu verwerfen.

[7] Quoy et Gaimard, *Observat. Über den Körperbau des Papstes*, reproduziert in der Lektion. *Complement des Œuvres de Buffon*, t. iii., Paris, 1829.

[8] Domeny de Rienzi, *l'Oceanie*, t. iii, S. 303. Paris, 1837.

[9] Maury, *La terre et l'homme*, S. 365. Paris, 1847.

[10] Latham, *The Natural History of the Varieties of Man*, S. 213. London, 1850. Dr. Latham bezeichnet die Malaysier mit dem etwas phantastischen Namen Protonesier. In seinem Werk gibt es eine Vielzahl solcher Neologismen.

[11] Einige Geographen sagen, dass Waigiou eine große Insel ist; aber sie geben keine Dimensionen an. Allerdings ist sie kaum so groß wie die Insel Mallorca. Es ist von unregelmäßiger Form, lang und schmal; es hat einen Umfang von etwa 80 Meilen (Dumont d'Urville in Rienzi, *l'Oceanie*). Sie ist nur 25 Meilen lang und 10 Meilen breit, sagt Henricy (*Histoire de l'Oceanie*. Paris, 1845). Die Insel Mallorca ist nur 22 Meilen lang und 16 Meilen breit. Drei auf einem so kleinen Territorium vereinte Rassen können einander nicht lange fremd bleiben.

[12] Lektion, *loc. cit.* T. ii. P. 19.

[13] Davis, *Crania Britannica* . Einleitung, S. 8, Anmerkung.

[14] Diese geografischen Bezeichnungen sind sicherlich nicht einwandfrei; Sie haben sogar die Unannehmlichkeit, die falsche Vorstellung hervorzurufen, dass alle Rassen des gleichen Typs aus derselben Region stammten; dass alle Weißen aus dem Kaukasus kamen, alle Mongolen aus der Mongolei, die Schwarzen aus Nigritien, sogar die Van-Diemen-Insulaner. Ich habe es jedoch für richtig gehalten, diese Bezeichnungen beizubehalten, da sie allgemein gebräuchlich sind und keine zoologische Bedeutung haben. Dies ist bei den Bezeichnungen einiger Autoren, die sich von der Hautfarbe ableiten, nicht der Fall. So wurden die Kaukasier als die *weiße* , die Mongolen als die *gelbe* , die Äthiopier als die *schwarze* , die Malayo-Polynesier als die *braune* und schließlich die Amerikaner als die *rote* Rasse bezeichnet. Es hat sich gezeigt, dass allein der amerikanische Typus rote, braune, schwarze, weiße und gelbe Rassen umfasst. Es gibt braune Rassen im amerikanischen und sogar im kaukasischen Typ. Nicht alle schwarzen Rassen gehören zum äthiopischen Typ; und schließlich umfasst der malayo-polynesische Typ Rassen mit ebenso unterschiedlichen Farben wie diejenigen, die zum amerikanischen Typ gehören. Eine auf Farbunterschieden basierende Klassifizierung würde zu zahlreichen und schwerwiegenden Fehlern führen.

[15] Es besteht kein Zweifel, dass innerhalb von 300 Jahren mehrere amerikanische Rassen ausgelöscht wurden; andere werden bald verschwinden, nachdem sie auf wenige Familien reduziert wurden. Die Charruas wurden 1831 von den Spaniern Südamerikas ausgerottet: mit Stumpf und Stiel, wie Dr. Latham sagt. Im Jahr 1835, vier Jahre später, transportierten die Engländer von Van Diemen's Land nach einem schrecklichen Massaker 210 Tasmanier, Männer, Frauen und Kinder, auf eine kleine Insel (Flinders) in der Bass-Straße. Im Jahr 1842, nach sieben Jahren im Exil, betrug die Zahl dieser Unglücklichen 54! Dies war alles, was von einer Rasse übrig geblieben war, die vor 40 Jahren das gesamte Van-Diemen-Land, so groß wie Irland, bewohnte, und wir werden vielleicht bald erfahren, dass keines von ihnen mehr existiert. Die Malaysier haben die schwarzen Rassen, die ihnen auf bestimmten Inseln des großen indischen Archipels vorausgegangen waren, vollständig ausgerottet. Die Guanchen verlassen das Land nur noch im mumifizierten Zustand. Die schwarze und prognathische Rasse, die vor der Ankunft der Mongolen die Inseln Japans bewohnte, hat keine anderen Spuren hinterlassen als ihre im Boden eingebetteten Schädel; und es ist leicht vorauszusehen, dass innerhalb von ein oder zwei Jahrhunderten alle schwarzen Rassen aus diesen Teilen verschwunden sein werden und ihre Nachfolger Malaien und Europäer geworden sein werden.

[16] Gerdy, *Physiologie Médicale* , t. ich, p. 290. Paris, 1832.

[17] Berard, *Cours de Physiologie* , t. ich, p. 465. Paris, 1845.

[18] *Journal de Physiologie* , t. ich, p. 120. 1858.

[19] Makedonen, die Alexandria in Ägypten beheimateten, die Seleukia in Babylonien, die alias Sparsas per Orbem Colonias in Syros, Parthos und Ägypten degenerierten. *Meise. L.* , lib. xxxviii., § 217.

[20] Nicht alle Gallier waren hellhaarig; aber diejenigen, die drei Jahrhunderte vor unserer Zeitrechnung in Griechenland und Kleinasien einfielen, waren allen Zeugnissen zufolge blond; sie gehörten folglich zur Kimri-Rasse.

[21] Gliddon, *The Monogenists and the Polygenists* . Philadelphia, 1857. George Pouchet, *De la Pluralité des races humaines* , S. 136. Paris, 1858.

[22] Volney, *Voyage en Syrie et en Egypte* , t. ich, p. 98. Paris, 1757.

[23] Knox, *Die Rassen der Menschheit* . 8vo, London, 1850.

[24] Serres, *Rapport sur les resultats scientifiques du voyage de l'Astrolobe et de la Zélée* (Comptes Rendus, t. xiii, p, 648.). [Die Größe des Penis ist beim „äthiopischen" Mann kein konstantes Merkmal. Es gibt jedoch Beispiele für seine enorme Entwicklung bei den westafrikanischen Negern . – HERAUSGEBER.]

[25] Theodor Waitz (Marburg), *Anthropologie der Naturvölker* , S. 203. Leipzig, 1859. [Übersetzt ins Englische für die Anthropological Society of London und herausgegeben von J. Frederick Collingwood, Esq., FGS, FRSL: 8vo, London, 1863. – Herausgeber .] Mollien, *Voyage dans l'intérieur de l'Afrique* . Rafnel, *Voyage dans l'Afrique occidentale* , 1846, S. 51. Mohammed-el-Tounsy, *Voyage au Darfour* , S. 227, trad. Jomard. Paris, 1845.

[26] *Voyage au Pôle Sud et dans l'Oceanie sur l'Astrolabe et la Zélée* , unter dem Kommando von Dumont-d'Urville, seit den Jahren 1837-1840: *Zoologie* von M. Jacquinot, Commandant de la Zélée, t. ii, S. 91-93. Paris, 1846.

[27] JC Nott, *Hybridität von Tieren im Zusammenhang mit der Naturgeschichte der Menschheit: Typen der Menschheit* . Nott und Gliddon. Philadelphia, 1854.

[28] Innerhalb von zehn Jahren von 1840 bis 1850 ist die Zahl der Sklaven in South Carolina um 56.786 gestiegen. Im Jahr 1840 gab es 327.934 Sklaven; im Jahr 1850 384.720. Das ist eine Steigerung von mehr als 17 Prozent. In diesem Bericht sind Sklaven aller Couleur enthalten, aber die reinen Neger bilden die große Mehrheit, und es ist wahrscheinlich, dass die starke Zunahme der Zahl der Sklaven ausschließlich ihnen zu verdanken ist. Die Anzahl der Kreuzungen kann anhand der angegebenen Statistiken nicht ermittelt werden. Außerdem wäre es in den vorliegenden Berichten unmöglich, zwischen Mestizen, die aus der Verbindung von Mulatten und Mulatinnen geboren wurden, und solchen aus Weißen und Schwarzen zu

unterscheiden. Statistiken geben daher kein Licht auf die Frage, ob sich die Mulattenrasse behauptet. Aber es gibt eine besondere Klasse farbiger Männer, die Gegenstand der Aufmerksamkeit bestimmter Regierungen ist, die mit Genugtuung behaupten, dass diese Klasse deutlich zurückgeht. Es handelt sich um die Klasse der freien farbigen Männer, die bestimmte Bürgerrechte genießen, die für die Sklavenstaaten sehr unbequem sind. Es gab eine Zeit, in der es keine Hindernisse für das Wahlrecht farbiger Männer gab und die Zahl der freien farbigen Männer rasch zunahm. Viele weiße Besitzer gaben ihren leiblichen Kindern Freiheit. Doch als restriktive Gesetze eingeführt wurden, begann die Zahl der freien farbigen Männer zu sinken. Sie verbünden sich nicht mehr mit den Weißen, die sie verachten, noch mit den Sklaven und sind daher gezwungen, untereinander zu heiraten. Die Volkszählung von Charleston ergab im Jahr 1830, dass die Zahl der freien farbigen Männer und ihrer Nachkommen 2.107 betrug; 1848 wurde sie auf 1.492 reduziert, was einem Rückgang von 605 im Jahr 2.107 entspricht, also mehr als 29 Prozent. Der *Charleston Mercury* veröffentlichte diese Zahlen, um zu zeigen, dass die Klasse der freigelassenen Sklaven in South Carolina keine Besorgnis erregen muss und dass der Gouverneur seinen Eifer zu weit getrieben hat, als er vorschlug, diese Klasse auszuschließen. Dieser enorme Rückgang hängt zweifellos zu einem großen Teil mit der geringen Geburtenzahl zusammen. Es gibt noch einen weiteren Umstand, der zur Verringerung der Kaste beigetragen haben könnte; Das heißt, dass jeder Freigelassene oder sein Nachkomme, sobald er den Staat verlässt, nicht zurückkehren darf; Dies ist jedoch nur eine untergeordnete Ursache für den Verfall. (Siehe *Charleston Medical Journal*, Mai 1851, Bd. VI, S. 381).

[29] Die ersten Europäer, die sich auf Jamaika niederließen, waren Spanier oder Portugiesen; aber die Insel wurde 1655 von den Engländern erobert, als sich alle *alten Kolonisten* zurückzogen und den größten Teil ihres Reichtums mitnahmen. Cromwell beeilte sich, die Insel wieder zu bevölkern, indem er eine Reihe politischer Sträflinge dorthin transportierte. Im Jahr 1659, vier Jahre nach der Eroberung, lebten bereits 4.500 Europäer und 1.400 Neger auf der Insel. Im Jahr 1670 betrug die weiße Bevölkerung 7.500, die der Sklaven 8.000. Man wird dann feststellen, dass die Bevölkerung Jamaikas ausschließlich von *englischen* Kolonisten und Negersklaven abstammt. Was die Kariben betrifft, so wurden sie ein Jahrhundert vor der Ankunft der Engländer von den Spaniern vollständig ausgerottet.

[30] Long (Edward), *History of Jamaica*, Bd. ii, S. 235, London, 1774, zitiert im *Charleston Medical Journal*, Bd. vi. 1851.

[31] Die Beziehung von Lewis ist in gewisser Hinsicht suggestiver als die von Long. Letzterer sagt, dass die Mulatten ersten Grades gut beschaffen seien; während Lewis vorgibt, dass sie größtenteils *schwach und schlaff seien*, woraus sich ergibt, dass die körperliche Unterlegenheit schon beim *ersten Überqueren*

deutlich wird . Wir glauben, dass dies falsch ist. Der Autor versucht, den Mangel an Vitalität bei den Kindern von Mulatten zu erklären, und greift auf eine Theorie zurück, die, wenn sie begründet wäre, die Tatsache nur verstärken würde, anstatt sie zu schwächen. Andererseits glauben wir, dass die Behauptung von Long trotz des begleitenden Korrektivs zu allgemein ist. Wenn es wahr wäre, dass die Vereinigung der Mulatten in Jamaika immer unproduktiv ist, wäre die Tatsache zu offensichtlich gewesen, als dass sie nicht lange bekannt gewesen wäre, denn *absolute* Unfruchtbarkeit lässt sich leicht feststellen. Relative Unfruchtbarkeit kann jedoch lange unbemerkt bleiben, wenn man bedenkt, dass es bei den reinen Rassen immer eine gewisse Anzahl von Fällen sporadischer Unfruchtbarkeit gibt. Es ist wahrscheinlich, dass weitere Untersuchungen für Jamaika zu Schlussfolgerungen führen werden, die denen ähneln, die Herr Nott für South Carolina angenommen hat. nämlich, dass die Mulatten dieser *englischen* Insel untereinander weniger fruchtbar sind als mit den Weißen oder Schwarzen, und dass ihre direkten Nachkommen im Allgemeinen weniger lebhaft und fruchtbar sind als die Männer der reinen Rassen.

[32] Waitz, *aaO. cit.* , P. 205. Van Amringe, *Untersuchung der Theorien der Naturgeschichte des Menschen* . Hamilton Smith, *Natural History of the Human Species* , 1848. Day, *Five Years Residence in the West Indies* , Bd. ich, p. 294, 1852.

[33] Seemann, *Reise um die Welt* , Bd. 1, S. 314, 1853. Waitz, *Anthropologie* , p. 207.

[34] *Bulletins de la Société d'Anthropologie* : Procés-verbal de la séance du 1er Mars, 1860, Bd. ich, p. 206.

[35] Dr. Tschudi fügt hinzu: „Als Menschen betrachtet sind die Zambos den reinen Rassen weit unterlegen." *Reisen in Peru* , London, 1847. G. Pouchet, *De la Pluralité des Races Humaines* , S. 137. Paris, 1848.

[36] Boudin, *Géographie Médicale* , Einleitung, S. 39. Paris, 1857.

[37] Graf Görtz, *Reise* , Bd. iii, S. 288. Waitz, *Anthropologie* , Bd. ich, p. 297. Ich finde in der Reise des Havorinus eine Passage, die vielleicht die einzigartige Tat erklären könnte, auf die Graf Görtz hingewiesen hat. Nachdem er die Zahl der europäischen Bevölkerung von Batavia angegeben hat, fügt Havorinus hinzu: „Unter den Europäern gibt es auch solche, die von europäischen Eltern geboren wurden, unter denen Frauen die große Mehrheit bilden" (Havorinus, Voyage par le Cap de Bonne-Espérance et Samarang , *et traduit du Hollandais* , Kap. VIII, Bd. II , S. 283. Paris). Es scheint also, dass der Einfluss des Klimas eine gewisse Veränderung in den Zeugungskräften der Europäer hervorruft, wodurch sie weniger geneigt sind, Männer zu zeugen, selbst mit den Frauen ihrer eigenen Rasse. Diese

Veränderung kann durch Vermischung an ihre Nachkommen weitergegeben werden. Die Tatsache von Havorinus sollte jedoch überprüft werden.

[38] Steen Bille, *Bericht über die Reise der Galathea*, Bd. ich, p. 376, 1852: Waitz, *loc. cit.*

[39] A. de Quatrefages, *Du Croisement des Races Humaines; Revue des Deux-Mondes*, t. viii, S. 162, *en note*, 1857.

[40] In Amerika verläuft die Vermischung von Weißen, Negern und Mulatten anders. Die Mulatten sind Sklaven wie die Neger. Eine große Anzahl von Mulatinnen werden zu Konkubinen der Weißen, und die Mulattinnen sind meist gezwungen, sich auf Negerinnen zu beschränken. Es gibt also relativ wenige Verbindungen zwischen Mulatten gleichen Blutes. Die Abschaffung der Sklaverei konnte und wird diesen Zustand auf lange Sicht weder sinnvoll ändern. Das Vorurteil gegenüber der Farbe wird nicht so schnell verschwinden; und viele Mulattin-Frauen sind lieber die Geliebten der Weißen als die Ehefrauen der Mulatten. In Ostindien gibt es kein Vorurteil hinsichtlich der Farbe. Die Weißen werden lediglich als aristokratische Klasse betrachtet; Die Malaien sind ebenso frei wie die Mulatten, das waren sie schon immer. Die Mulatten sind stolz darauf, europäisches Blut in ihren Adern zu haben, so wie in unserem eigenen Land bestimmte Bürger stolz auf ihre aristokratischen Allianzen sind. Sie bilden somit *in den Zentren der Bevölkerung* eine Art Zwischenkaste zwischen den Weißen und den Einheimischen.

[41] Es ist notwendig zu erwähnen, dass der Ausdruck des ersten Grades hier nicht nur die aus der ersten Vermischung hervorgegangenen Individuen bezeichnet, sondern auch die Nachkommen von Verbindungen, die sie untereinander eingehen.

[42] Waitz, *aaO. cit.* P. 207.

[43] Herr Gutzlaff, der chinesische Missionar, war beeindruckt von der geringen Fruchtbarkeit der Mulatten von Kambodscha, den Nachkommen der einheimischen Rasse und der eingewanderten Chinesen. Cambojia liegt südwestlich von Siam, südlich von Anam, zwischen 10° und 14°. „Es ist bemerkenswert", bemerkt er, „dass die Ehen einheimischer Frauen mit Chinesen in der ersten Generation produktiv sind, in der fünften Generation jedoch allmählich unfruchtbar werden, und zwar vollständig." Ich habe viele solcher Fälle gesehen; aber ich kann eine solche Degeneration zwischen Nationen, die sich in ihrer physischen Konstitution und Lebensweise so ähnlich sind, nicht erklären. Wenn dem nicht so wäre, müsste die chinesische Rasse in einigen Jahrhunderten vorherrschend werden und die einheimische Rasse absorbieren. Das war nicht der Fall, und die unzähligen Einwanderer, die China ins Land strömt, scheinen in der Bevölkerung rar zu sein."

(Gutzlaff, *Geography of the Cochin-Chinese Empire, Journal of the Royal Geographical Society of London* , Bd. Xix, S. 108, London. 1849.)

[44] Es ist nicht bekannt, wie hoch der Grad der Vermischung in den Hybridpopulationen Mexikos und Südamerikas ist; Die Beobachtungen bezüglich dieser Kreuzungen sind äußerst schwierig zu sammeln, da die Variation der Mulatten in verschiedenen Graden nicht so offensichtlich ist wie bei den Mulatten, Quadroons usw. der Neger und Europäer. Hinsichtlich Farbe, Haaren, Schädelform unterscheiden sich die europäischen Rassen, besonders die des Südens, unendlich weniger von den amerikanischen Rassen als von den äthiopischen und den Zwischencharakteren; selbst Mulatten ersten Grades sind im ersten Fall viel weniger ausgeprägt als im zweiten Fall. So bilden die berühmten Paulisten der Provinz Saint-Paul in Brasilien, die aus der Vereinigung von Portugiesen und Indern hervorgegangen sind, eine kraftvolle Klasse, mutig und sogar heldenhaft, wenn auch wild und turbulent. Nach Angaben einiger Autoren überwiegt bei ihnen das europäische Blut; andere hingegen behaupten, sie seien reine Indianer. Diese Widersprüche beweisen die Schwierigkeit, den Grad der Vermischung zwischen den von Europäern und Indern abstammenden Mulatten abzuschätzen. Die Frage, ob *Mulatten ersten Grades untereinander* unendlich fruchtbar sind , ob sie dies gewohnheitsmäßig oder nur ausnahmsweise tun, kann von Reisenden nicht gelöst werden. Am Ende können ortsansässige Beobachter und insbesondere Ärzte präzise Fakten liefern.

[45] Die Chabeins sind eugenetische Hybriden, während die eigentlich so genannten Maultiere dysgenetische Hybriden sind.

[46] *Monthly Journal of Medical Science, Edinburgh* , Bd. xi, p. 301, 1850. [Das eklatanteste Beispiel hierfür findet sich unter den gemischtblütigen Nachkommen der angelsächsischen, deutschen, niederländischen, französischen und irischen Nationen in den Bundesstaaten Amerikas, deren „offensichtliches Schicksal" laut Ihre eigene Hoffnung ist die „Annexion" der zivilisierten Welt. Die Puritaner Neuenglands begründeten ihre Ansprüche auf die Kolonie mit folgenden Thesen: – 1. Dass die Erde und ihre Fülle dem Herrn gehört. 2. Dass Gott die Erde zur Besiedlung durch seine Heiligen gegeben hat. 3. Dass wir die Heiligen sind. Die Ureinwohner des Landes wurden dementsprechend ausgerottet, um diese Gefühle praktisch in die Tat umzusetzen . – HERAUSGEBER.]

[47] Wir müssen bedenken, dass die Australier steifes und glänzendes Haar haben, während das Haar der Tasmanier wollig ist.

[48] *Diktat. Pittor. d'Hist. Natur.* , Kunst. *Mann* , t. iv, S. 11, Paris, 1836. Siehe auch Bd. 11, Paris, 1836. iii, *Océanie* , von Rienzi; die Geschichte zweier Australier, Benilong und Daniel, die, nachdem sie einige Jahre frei und

verwöhnt unter Europäern gelebt hatten, ihre Kleidung wegwarfen und in den Wald lebten.

[49] Im Jahr 1835 verpflichteten sich die Engländer des Van-Diemen-Landes, die Eingeborenen vollständig zu vertreiben. Auf der ganzen Insel wurde eine regelmäßige *Schlacht* organisiert, und in kurzer Zeit wurden alle Tasmanier, ohne Unterschied von Alter oder Geschlecht, ausgerottet, mit Ausnahme von zweihundertzehn Individuen, die auf die kleine Insel Flinders (oder Fourneaux), in Bass's Straits. Dies alles war der Überrest einer Rasse, die vor der Ankunft der Engländer ein Gebiet besetzt hatte, das fast so groß war wie Irland. Dieses schreckliche Massaker löste im englischen Parlament tiefes Entsetzen aus, aber es war nicht daran gedacht, diese Unglücklichen wieder in ihre Heimat zurückzuschicken. Es wurden jedoch Maßnahmen ergriffen, um sie auf der Insel Flinders menschlich zu behandeln und sie reichlich mit Lebensmitteln zu versorgen; Sie wurden auch in Religion unterrichtet. Die Insel ist etwa dreizehn Meilen lang und sieben Meilen breit; Den Flüchtlingen fehlte es also nicht an Platz. Dennoch starben von diesen zweihundertzehn Individuen, die meisten von ihnen Erwachsene, schnell, und Graf Strzelecki, der sie 1842 besuchte, fand nur vierundfünfzig. Innerhalb von sieben Jahren und wenigen Monaten wurden nur vierzehn Kinder geboren. (Strzelecki, *Physical Description of New South Wales and Van Diemen's Land* , S. 353-357, London, 1845.)

[50] Einige Monate vor der Ausrottung der Tasmanier schrieb ein Einwohner von Hobart Town einen Brief an Rienzi, den er in *Océanie* , S. 558. Der Autor sah voraus, dass ein Konflikt unvermeidlich sein würde. Er stellt fest: „Mehrere der Kinder wurden in die Schulen von Hobart Town geschickt. Sobald sie das Pubertätsalter erreicht haben, zwingt sie ein unwiderstehlicher Instinkt, in ihre Einsamkeit zurückzukehren." Über die Versuche der Engländer, die Eingeborenen zu zivilisieren, sind uns keine weiteren Einzelheiten bekannt. Diese Tatsache, ähnlich wie in Australien, stammt aus einer Quelle, die nicht vermutet werden kann, da sowohl der Verfasser des Briefes als auch Herr Rienzi den Eingeborenen wohlgesinnt sind.

[51] D'Omalius d'Halloy, *Des Races Humaines ou Éléments d'Ethnographie* , S. 108, Paris, 1859.

[52] Quoy et Gaimard, *Voy. de l'Astrolabe en 1826-29* , t. ich, p. 46, Paris, 1836.

[53] Gliddon, *The Monogenists and the Polygenists* , 443.

[54] *Voyage au Pole et dans l'Océanie* , t. ii, S. 109, Paris, 1846.

[55] *Ort. cit.* , P. 109.

[56] Cunningham, *Two Years in New South Wales* , 3. Auflage, Vers ii, S. 17, London, 1828.

[57] Lessen, *Voyage autour du Monde sur la Corvette la Coquille* , ausgeführt im Auftrag der französischen Regierung, t. ii, S. 278, Paris, 1830. Die Beschreibung von New Holland und seinen Bewohnern nimmt fast achtzig Seiten ein.

[58] Es wäre überflüssig, den Ursprung dieser verschiedenen Spitznamen anzugeben. Wir können jedoch erwähnen, dass *Pfund Sterling* die in Europa geborenen freien Siedler sind und die *Währungen* , die in der Kolonie geboren wurden. Das Pfund Sterling hatte früher einen höheren Wert als die Pfundwährung. *V.* Cunningham, S. 46.

[59] Diese Namen haben hier eine besondere Bedeutung und bezeichnen keineswegs natürliche oder eheliche Kinder.

[60] Die *Kanarienvögel* sind kürzlich angekommene Sträflinge, die *Regierungsmänner* sind etablierte Sträflinge, die *Emanzipisten* sind befreite Sträflinge, die *Bushranger* sind flüchtige Sträflinge.

[61] *Ort. cit.* , P. 108.

[62] MacGillivray, *Narration of the Voyage of HMS Rattlesnake* , Bd. I, S. 151, 1852, zitiert in Waitz, *Anthropologie* , S. 203.

[63] Malte-Brun, *Abrégé de Géographie Universelle* , S. 883, Paris, 1844.

[64] Cunningham, *loc. cit.* , Bd. ii, S. 65.

[65] Malte-Brun, *Abrégé de Géographie* . In Wirklichkeit war das Missverhältnis zwischen den freien Individuen beider Geschlechter beträchtlicher, als in der obigen Darstellung angedeutet wird, denn Kinder sind darin enthalten. Aber die Zahl der Kinder der freien Bevölkerung belief sich 1828 laut Wentworth auf 6.837 (Rienzi, *l'Océanie* , S. 543). Geht man davon aus, dass diese Zahl im Jahr 1830 nur 7.000 betrug – sagen wir 3.500 Jungen und 3.500 Mädchen –, blieben für die erwachsene freie Bevölkerung etwa 10.000 Männer und 4.000 Frauen übrig – zwei Frauen für fünf Männer.

[66] Henricq, *Histoire de l'Oceanie* , Paris, 1845.

[67] Lektion, *Voyage autour du Monde* , t. ii, S. 291. Im Jahr 1824 lebte der Autor in New South Wales. Unter dem Namen Port Jackson umfasst er die gesamte Region, deren Hauptstadt Sydney ist.

[68] Cunningham, *loc. cit.* , Bd. ii, S. 7.

[69] M. Lesson hat eine solche Antwort von Bongarri erhalten. Cunningham bezeichnet es als ständigen Witz des Chefs, der, wie er hinzufügt, „es immer noch wiederholt". Lektion, *loc. cit.* ; Cunningham, *loc. cit.* , Bd. ii, S. 18.

[70] Lektion, *loc. cit.* , berichtet, dass Bongarri seinen Arm gebrochen hatte, dass der Bruch nicht konsolidiert war, der australische Häuptling seinen Arm

jedoch entweder zum Rudern oder zum Umgang mit seinen Waffen benutzte.

[71] Cunningham, *loc. cit.* , Bd. ii, S. 8.

[72] MacGillivray, *aaO. cit.* , Bd. ich, p. 151. Waitz, *loc. cit.* , P. 203.

[73] Diese Passage. Auszug aus der *Voyage de l'Uranie* , textlich wiedergegeben in der *Zoologie* von M. Jacquinot, t. ii, S. 353.

[74] Ob dies auch im Van-Diemen-Land der Fall ist, kann ich nicht sagen. Die beigefügten Dokumente wurden in Australien seit 1835 gesammelt, also zu einer Zeit, als es in Tasmanien keine Tasmanier mehr gab. M. de Rienzi, der seine Reisen schon vor dieser Zeit beendet hatte, sagte, dass die tasmanischen Frauen manchmal ihre Männer verließen, um bei den an den Küsten ansässigen europäischen Fischern zu leben, *L'Oceanie* t. iii, S. 547; Dies ist jedoch eine isolierte Tatsache.

[75] PE Strzelecki, *Physical Description of New South Wales and Van Diemen's Land* , S. 346, London, 1845.

[76] *Monatliches Journal of Med. Science, Edinburgh* , 1850, Bd. xi, p. 304.

[77] Alexander Harvey (aus Aberdeen) über den *Fœtus in utero* , als Impfung des mütterlichen Organismus mit den Besonderheiten des väterlichen Organismus und über den Einfluss, den die Männchen dadurch auf die Konstitution und die Fortpflanzungsfähigkeit des Weibchens ausüben. Im *Monthly Journal of Med. Science of Edinburgh* , Bd. ix, S. 1130; Bd. xi, p. 299; und Bd. xi, p. 387 (1849-1850).

[78] Zimmermann, Kunst. „Varieties of Mankind", in Todd's *Cyclopædia of Anatomy and Physiology* , Bd. iv, S. 1341 und 1365.

[79] Eine von einem Zebra bedeckte Stute von Lord Morton brachte zunächst ein Zebra-Maultier zur Welt; Anschließend wurde sie von einem arabischen Pferd gedeckt und brachte nacheinander drei Zebrafohlen zur Welt, ebenso wie das erste Maultier.

[80] Thomas R. Heywood Thomson, über die „Berichtete Unfähigkeit der Aborigine-Frauen von New Holland, sich mit einheimischen Männern fortzupflanzen, nachdem sie Kinder von einem Europäer oder Weißen bekommen hatten", in Monthly Journal of Medical Science, Edinburgh, Okt. 1851 , Bd . xii, S. 354.

[81] Einige Gattungen in existierenden Faunen, die nur *eine* Art enthalten, werden in früheren Faunen durch eine Reihe von Arten repräsentiert, die jetzt ausgestorben sind und sich offensichtlich von der einen Art, die tatsächlich existiert, unterscheiden. [Vergleichen Sie die beiden existierenden

Elefantenarten mit den zwölf Arten von *Elephas* und dreizehn Arten von Mastodon, die im Tertiär existierten. – HERAUSGEBER.]

[82] Gegenwärtig gibt es in Nordafrika bis hinunter zur Sahara eine blonde Männerrasse, die als Nachkommen der Vandalen gilt. Es ist sicher, dass seit der Zeit Geiserichs, also etwa vierzehn Jahrhunderte, in diesen Gegenden keine weiße Rasse mehr etabliert wurde. Wenn dem so wäre, würde daraus resultieren, dass ein Aufenthalt von vierzehn Jahrhunderten auf afrikanischem Boden nicht ausreichen würde, um die Haare der weißen Rasse zu verdunkeln. Aber Dumoulin, der sich am Text von Procopius orientierte, hatte bereits gezeigt, dass die hellhaarige Rasse Nordafrikas nichts mit den Vandalen gemein hatte; und ich habe kürzlich eine Passage im *Périple de la Méditerranée de Syclax gefunden* , einem Werk vor Alexander dem Großen, in der von einem Stamm *hellhaariger* Lybier die Rede ist, die das Küstengebiet der Minor Syrtis unweit davon bewohnten Mount Auress, wo bis heute einer der Hauptstämme der hellhaarigen Kabylen lebt. (Siehe *Bulletins de la Soc. d'Anthropologie, Séance du 16 Février, 1860.*)

[83] [Vergleichen Sie zu diesem Thema Professor R. Owen über „ *The Power of God as manifested in his Animal Creation* ", 12 Monate, London, 1863, in dem die Beziehungen zwischen Wissenschaft und Theologie hervorragend dargelegt werden . – HERAUSGEBER.]

[84] J. Pye Smith, *Relations between the Holy Scriptures and Geology* , dritte Auflage, S. 398-400. Diese Passage wird von Morton in einem Brief an Rev. John Bachmann über Hybridität, Charleston, 1850, in 8-15, textlich wiedergegeben. Zimmermann, Kunst. „Varieties of Mankind", in Todd's *Cyclopædia of Anatomy and Physiology* , Bd. iv, S. 1317, London, 1852. Eusèbe de Salles, *Histoire générale des Races Humaines* , p. 328, Paris, 1849.

[85] P. Sagot, *Opinion générale sur l'Origine de la Nature des Races Humaines; Conciliation des Diversités indélibles avec l'Unité Historique du Genre Humain* , Paris, 1860.

[86] [Keime der polygenistischen Lehre sind jedoch so alt wie Empedokles. Siehe Julius Schvarcz, *Geological Theories of the Greeks* , 4to, London, 1862, für die philosophischste Darstellung dieser frühen Versuche . – HERAUSGEBER.]

[87] Möglicherweise dürfen wir hier einige Passagen aus einer Dissertation dieses frommen Sklavenhalters wiedergeben; wir entnehmen sie dem *Charleston Medical Journal and Review* , Sept. 1854, Bd. ix. S. 657-659: „Alle Menschenrassen, einschließlich der Neger, sind von derselben Art und Herkunft. Der Neger ist eine auffallende Art und gegenwärtig wie die zahlreichen Arten von Haustieren eine dauerhafte Erscheinung. Der Neger wird bleiben, was er ist, es sei denn, seine Form wird durch Vermischung

verändert, deren einfache Vorstellung abstoßend ist; Seine Intelligenz ist der der Kaukasier weit unterlegen, und daher ist er, soweit wir über ihn wissen, nicht in der Lage, sich selbst zu regieren. Er wurde unter unseren Schutz gestellt (ein sehr schönes Wort). Die Rechtfertigung der Sklaverei ist in den heiligen Schriften enthalten. Die Bibel lehrt die Rechte und Pflichten der Herren, damit die Sklaven mit Gerechtigkeit und Güte behandelt werden sollten, und sie fordert den Sklaven zum Gehorsam auf ... Die Bibel stattet uns mit den besten Waffen aus, die wir nutzen können. Es zeigt uns, dass die alten Israeliten Sklaven besaßen. Es bestimmt die Pflichten von Herren und Sklaven; und der heilige Paulus schreibt einen Brief an Philemon, in dem er ihn bittet, einen entlaufenen Sklaven zurückzunehmen. Unsere Vertreter im Kongress haben ihre Argumente aus der Heiligen Schrift abgeleitet, und ihre Gegner haben es nicht gewagt, ihnen zu sagen, dass der historische Teil der Bibel (und alles, was die Sklaverei betrifft, historisch ist) falsch und uninspiriert ist;" und, fügt Pfarrer John Bachmann hinzu, „wir können unsere Institutionen effektiv vor dem Wort Gottes verteidigen."

[88] [Viele wertvolle Hinweise zu diesem Thema finden Sie in *Savage Africa* von W. Winwood Reade, 8vo, London, 1864. – HERAUSGEBER.]

ANHANG.

FORMULAR NR. 1.

AB [geben Sie hier den Vornamen, den Nachnamen und den gewöhnlichen Wohnort des Kandidaten an], der eine Aufnahme in die Anthropologische Gesellschaft wünscht, schlage und empfehle ich ihn als geeignete Person, um ein Fellow davon zu werden.

Tag 18

——————————————————— aus eigener Erfahrung.

FORMULAR NR. 2.

Ich, der Unterzeichner, der zum Fellow der Anthropological Society gewählt wurde, verspreche hiermit, dass ich mich an die Regeln der besagten Gesellschaft in ihrer jetzigen Form oder in ihrer künftigen Änderung oder Ergänzung halten werde: vorausgesetzt jedoch, dass ich, wann immer ich der Gesellschaft schriftlich mitteilen werde, dass ich meinen Namen zurückziehen möchte, dies tun werde (nach Zahlung der Jahresbeiträge, die zu diesem Zeitpunkt möglicherweise von mir fällig sind, und nach Abgabe aller Bücher, Papiere, oder sonstiges Eigentum der Gesellschaft, das sich in meinem Besitz befindet oder mir anvertraut wurde) von dieser Verpflichtung frei sein.

Seien Sie Zeuge meiner Hand an diesem
Tag des 18

FORMULAR NR. 3.

HERR ,

Ich wurde vom Rat der Anthropologischen Gesellschaft angewiesen, Ihnen mitzuteilen, dass laut ihren Büchern die Summe von ———————————
aufgrund Ihres Jahresbeitrags am ersten Januar letzten Jahres fällig war; Hiermit wird um die baldmöglichste Zahlung gebeten.

Ich muss Ihnen auch mitteilen, dass AB zum Sammler der Gesellschaft ernannt wurde; und dass er vom Rat angewiesen wurde, auf Sie zu warten, um Ihnen die Mühe zu ersparen, Ihren Beitrag zu senden.

Ich habe die Ehre,
Ihr gehorsamster Diener zu sein,———————————————

Schatzmeister .

FORMULAR NR. 4.

HERR ,

Der Rat der Anthropological Society hat mich angewiesen, Ihnen mitzuteilen, dass laut ihren Büchern die Summe von——————————
aufgrund Ihres Jahresbeitrags am ersten Tag des letzten Januar fällig war: der Hiermit wird um möglichst frühzeitige Zahlung gebeten.

Ich muss außerdem vorschlagen, dass der Betrag Ihres Beitrags bequem per Postanweisung, zahlbar beim General Post Office in London, an meine Bestellung überwiesen werden kann.

Ich habe die Ehre,
Ihr gehorsamster Diener zu sein,————————————

Schatzmeister .

FORMULAR NR. 5.

Offiziere.	Gegenwärtiger Rat.	Mitglieder gehen aus.	Die Mitglieder schlugen vor, hereinzukommen.	Vom Rat	Von jedem DissentientMember
Präsident					
VizepräsidentVizepräsidentVizepräsidentVizepräsident SekretärSekretär					
Außenminister					
Schatzmeister					
Ratsmitglied					

———————
——
——————————